D1918086

WORTWALZ

Von einer die schreibt und nirgends bleibt - eine Reporterin auf Wanderschaft

Jessica Schober

WORTWALZ

Von einer die schreibt und nirgends bleibt –
eine Reporterin auf Wanderschaft

EDEL

Für meine Eltern.
Und für Mathilda.

»… es ist etwas über mich gekommen, wie halt manchmal
etwas über einen kommt – ein Heimweh oder ein Fernweh
oder irgendein Weh – vielleicht nur die Wehmut?
Kann sein, dass es das Fernweh und die Wehmut zusammen
waren, die miteinander den Fernwehmut oder
ganz einfach den Fernmut ergeben.«

Katharina von Arx, *Bitte nehmt mich mit.
Eine Weltreise per Anhalter*, 1956

PROLOG
Losgehen

Jetzt nicht umdrehen. Einfach Schritt für Schritt weitergehen. Bloß nicht über die Schulter schauen. So will es die Tradition. Mit langsamen, festen Schritten entferne ich mich vom Münchner Ortsschild. Dort hinten, in meinem Rücken, stehen die Freunde und Kollegen, die mich gerade verabschiedet haben. Alle waren gekommen, mit ihren Händen hatten sie mir eine Räuberleiter gebaut und mich auf das Schild gehoben. In luftiger Höhe saß ich eben noch auf dem gelben Wegweiser, leicht schwindelig. München klemmte zwischen meinen Knien. Ich klammerte mich am Stahlrahmen fest, weil meine Füße kaum Halt fanden. Gerade erst hatte ich eine Flasche Schnaps zur Hälfte leergetrunken und unter dem Ortsschild vergraben. In drei grässlichen Schlucken den Wodka die Kehle runtergekippt, morgens um 11 Uhr bei Nieselregen. Ja, so will es die Tradition. Wenn ein Wandergeselle seinen Heimatort verlässt, dann verbuddelt er eine Flasche Hochprozentigen, die halb leer ist. Wenn er nach über drei Jahren Wanderzeit voll von Erlebnissen und neuen Erfahrungen zurückkehrt, dann ist die Flasche halb voll …

Ja, wer sich der Haltlosigkeit hingibt, klammert sich an jeden Kalauer. Ich schultere den roten Rucksack und laufe los in mein großes Abenteuer. Und darf mich nicht noch einmal umdrehen.

Rückblende: Wie eine Frage und 11,88 Euro mein Leben veränderten

»Was hält dich denn?«, hatte mich Sarah am anderen Ende der Leitung gefragt. Uff. Es war diese Frage, die mich aus der Bahn warf. Ich wusste keine Antwort. Was hielt mich? Mein Büro? Mein Zimmer? Meine Laufstrecke an der Isar? Nein, es war nur meine Angst. Meine Angst vor dem Abenteuer direkt vor meiner Haustür.

Sarah ist Wandergesellin, eine Frau, die sich selbst nicht schont. So jemanden zu finden, das war mein Rechercheauftrag gewesen, im Frühjahr 2013: »Jessica, such uns mal eine Frau, die außerhalb ihrer Komfortzone lebt!« Okay, das kriege ich hin, dachte ich mir. Zu dieser Zeit arbeitete ich als Redakteurin bei der Zeitschrift *Cosmopolitan*. Ich war 24, hatte mein Studium und die Journalistenschule abgeschlossen und saß nun am Schreibtisch, kerzengerade und kreuzunglücklich. Meine erste Festanstellung. Ich kam mir furchtbar erwachsen vor. Und ich dachte heimlich: Ein Hamsterrad sieht von innen tatsächlich aus wie eine Karriereleiter. Ich war kurz vor Koma. 25 Urlaubstage sollte ich von nun an im Jahr haben, dabei ziepte das Fernweh im Bauch. Und jetzt diese Recherche, ein Teilchenbeschleuniger. Als ich mich das erste Mal mit Sarah unterhielt, der freireisenden Bäckerin, ahnte ich noch nicht, wie dieses Gespräch mein Leben umwälzen sollte. Sarah erzählte mir von der Walz.

Alles an Sarahs Alltag war ein Abenteuer: Sie wusste morgens nicht, wo sie abends sein würde. Sie gab kein Geld fürs Reisen und fürs Übernachten aus. Sie trampte durch die Gegend, manchmal schlief sie draußen, im Tausendsternehotel. Ich staunte, wie wenig sie zum Leben brauchte. Ihre Kluft, bestehend aus Schlaghose, Weste und Staudenhemd. Ein Jackett mit Pepitamuster. Einen Hut, einen Stock und ein Bündel mit Werkzeug und Wechselwäsche. Mehr nicht. Warum sie auf die Walz gegangen sei, wollte ich wissen. Als gelernte Bäckerin habe sie nach der dreijährigen Ausbildung nicht einfach einen Job annehmen wollen. Sie habe Neues ausprobieren wollen. In Dresden lernte sie Christstollen zu backen, in Bayern Brezen.

In meinem Kopf blitzt eine Idee auf. Am Abend nach diesem Telefonat notierte ich in mein Tagebuch: »Ich will eine Vagabundin sein!« Wenn Sarah als Bäckerin auf die Walz ging, dann wollte ich das als Journalistin auch machen. Mein Handwerk ist das Fragenstellen, mein Beruf ist das Schreiben. Warum soll nicht auch ich durchs Land ziehen und meine Arbeit anbieten? Ich wollte auch auf die Walz gehen, auf die Wortwalz! Noch in der Nacht setzte ich mich an den Rechner und reservierte eine Internetadresse. Es klingt seltsam, aber durch die Erbeutung des Domainnamens www.wortwalz.de hatte ich das Gefühl, meinen neuen Traum ein bisschen wahrscheinlicher gemacht zu haben.

Doch dann passierte mit dieser Idee genau das, was meistens passierte. Sie landete in der Schublade.

Ein ganzes Jahr verging, ohne dass etwas geschah. Ich hatte zwar verstanden, dass eine Festanstellung in einer Redaktion nicht das Richtige für mich ist, und arbeitete inzwischen als selbstständige Journalistin. Aber ich fühlte mich wie ein unfrankierter Rückumschlag, oben in der Ecke stand »Bitte freimachen«. Aus der Idee der Wortwalz war nichts geworden. In die Schublade mit den Ideen hatte ich lange nicht geschaut. Da flatterte eines Tages ein Brief ins Haus: Die jährliche Zahlungsaufforderung für die registrierte Domain www.wortwalz.de. »Bitte überweisen Sie 11,88 Euro.«

Ich starrte den Zettel an. Mein Herz klopfte. Ich war wütend auf mich: »Schon wieder hast du nichts aus einer Idee gemacht!« Die 11,88 Euro fühlten sich an wie ein riesiger Verlust. »Was hält dich denn?«, hatte ich wieder Sarahs Frage im Ohr. Ja, was hielt mich davon ab, als reisende Reporterin durch die Republik zu ziehen? An der Journalistenschule haben doch auch immer alle gesagt, Journalismus sei ein Handwerk. Ich hatte nur Angst, mich zum Narren zu machen, und Scheu vor den Reaktionen der Wandergesellen. Dann fiel mir der Satz ein, den eine Mentorin einst zu mir gesagt hatte: »Frau Schober, jetzt machen Sie einfach mal ein halbes Jahr lang das, was Ihnen Spaß macht.« Und da, mit dem Brief in der Hand, aufgewühlt wie das Streu in dem Hamsterkäfig, aus dem ich flüchten wollte, beschloss ich: Ich gehe jetzt auf die Wortwalz.

Ich hatte lange genug am Schreibtisch gesessen. Ich wollte wieder raus aufs Land. Geschichten auf dem Acker sammeln. Vor zehn Jahren hatte ich als Schülerin meine ersten Artikel für die Lokalzeitung geschrieben, damals für den Regionalteil der *Hannoverschen Allgemeinen Zeitung*. Meine Themen waren Kartoffelfeste und Kaninchenzüchtervereine gewesen, Löschübungen bei der Freiwilligen Feuerwehr, Polizeieinsätze bei Fußballspielen in der Kreisliga und die Insektensammlerbörse. Wie ich das geliebt hatte! Als Zwölftklässlerin hatte ich für den *Burgdorfer Anzeiger* geschrieben und immer das Gefühl: An einem Wochenende Lokalzeitungmachen lerne ich mehr als in einer ganzen Schulwoche. Auch während des Studiums hatte ich nebenbei für Regionalblätter geschrieben, immer da, wo ich gerade wohnte. Erst später begann ich für Magazine und überregionale Medien zu berichten und mich von den Lokalzeitungen zu entfernen.

Aber gerade dort, bei den Provinzblättern, kann man die große Welt im Kleinen beobachten. Ich glaube an das Lokale. Ich liebe die Geschichten vom kleinen Mann und von der kleinen Frau. Die zähen Sitzungen im Bezirksausschuss. Die Frage, ob Herr Müller seinen Haselnussstrauch fällen darf oder nicht. Die Rührigkeit der Landfrauen beim Kleiderbasar. Die Schnittchen im Schützenverein. Mein Herz schlägt für Skurriles und Banales. Für Zeitungen mit Namen wie *Trierischer Volksfreund* oder *Märkische Oderzeitung* in Königs-Wusterhausen. Aber ich weiß auch, dass es sich bei dieser Form des Journalismus um eine bedrohte Spezies handelt. Auflagenzahlen sinken, immer weniger junge Menschen lesen Zeitungen. Klagelieder über den Untergang der Printmedien höre ich zuhauf, eine ganze Branche stellt ihre Zukunft in Frage. Der Wunsch, zu diesen Lokalzeitungen zu reisen, war ein bisschen so, als würde ich in Zeiten der Erderwärmung Urlaub auf den Halligen machen: Jetzt wollte ich mir das Ganze noch mal angucken, bevor es unterging.

Doch war es nicht nur die berufliche Neugier, die mich trieb. Es war diese Mischung aus Arbeiten und Reisen, die mich faszinierte. Den Grundgedanken der Walz fand ich charmant: Nach deiner Ausbildung bist du noch lange nicht fertig. Zieh los und lerne in unterschiedlichen Betrieben. Reise und bilde dich fort. Verfeinere dein Handwerk bei den Meistern deiner Zunft. Und werde die, die du sein kannst. Alles folgt dem Motto: Reise, um zu arbeiten. Arbeite, um zu reisen.

Deshalb wollte ich diese Reise Wortwalz nennen. Ich wollte herausfinden, ob sich diese Jahrhunderte alte Tradition auch auf mein Handwerk, das Schreiben, das Geschichtenerzählen, anwenden ließe. Von Anfang an wusste ich, dass das nicht leicht werden würde. Ich ahnte, es würde Ärger geben. Ich hatte schon viel zu der alten Tradition der Walz recherchiert, jener faszinierenden Idee, der seit dem Mittelalter gelernte Handwerker folgen, die sich für mindestens drei Jahre und einen Tag auf den Weg machen. Ich hatte schon verstanden, dass es strenge Regeln und viele Geheimnisse gibt. Und mir war klar: Ich habe keinen Gesellenbrief. Nach meiner Ausbildung an der Deutschen Journalistenschule erhielt ich zwar ein Zertifikat, doch Journalistin kann sich in diesem Land jede nennen. Und deswegen muss hier in aller Deutlichkeit gesagt werden: Ich bin keine Wandergesellin. Für immer werde ich Kuhkopp bleiben. So nämlich nennen Wandergesellen all jene, die keine zünftigen Reisenden sind. Das Rotwelsche, die alte Gaunersprache, hält noch einen weiteren Begriff parat: Speckjäger. Das sind jene, die versuchen sich Vorteile zu erschleichen, womöglich sogar in Kluft reisen, ohne echte Wandergesellen zu sein. Man möge mich so nennen. Dies sind die gesammelten Bekenntnisse einer Speckjägerin, einer vegetarischen und wohlmeinenden allerdings. Ich verkleidete mich nicht, ich wollte bloß reisen, lernen und arbeiten. Mit meiner Wortwalz lehnte ich mich an die Walz an. Die Walz war eine Gehhilfe für mich, eine Krücke. Sie hatte mich überhaupt erst in Bewegung gebracht. Die Tradition der Walz sollte mir ein gedanklicher Wanderstock sein, mit dem ich von meinem Schreibtisch losstolperte.

Es geht in dieser Geschichte um Vertrauen und Ehrenwort. Unter Wandergesellen gilt der Spruch: Verlasse einen Ort nie so, dass nicht noch ein weiterer Reisender nach dir kommen kann. Und dieser Ehrenkodex gilt auch für eine Journalistin, die so viel von Wandergesellen lernen durfte wie ich. Unterwegs merkte ich: Die große Herausforderung des Reisens ist es, ein guter Gast zu sein. Meine Maxime als Schreibende lautet, nirgends verbrannte Erde zu hinterlassen. Es soll später niemand sagen, dass er oder sie nie wieder mit einer Journalistin reden wird. Das wäre mein Scheitern. Diese selbst gestellte Forderung ist schwer einzuhalten in Zeiten, in denen Texte – gerade in Lokalzeitungen – von zu wenigen Menschen in zu kurzer Zeit zusammengezimmert werden müssen. Aber dieser Anspruch ist mir ein Herzensanliegen.

Lange habe ich gehadert, dieses Buch zu schreiben. Letztlich waren es die vielen Rückmeldungen auf eben jenen Wortwalz-Blog, den ich gründete, aber auch die Briefe von Unbekannten, die Bitten von Kollegen, nun endlich »die ganze Geschichte zu erzählen«, und auch die Fragen von manchen Reisenden, die mich zurück an den Schreibtisch trieben.

Und deshalb wird dieses Buch eine Zumutung. Ein Hin- und Hertippeln zwischen Schweigen und Erzählen. Denn in den Monaten nach meinem Aufbruch sollte es mir nicht nur gelingen, einen besonderen Einblick in die Welt des Lokaljournalismus zu bekommen, sondern auch in die der reisenden Wandergesellen. Manche Handwerker nahmen mich mit, ließen mich bei Treffen zureisen, stritten sich mit mir und erzählten, warum die Walz etwas ganz Besonderes und ihnen so sehr schützenswert ist. Ich saß mit Wandergesellen am Lagerfeuer und trampte mit ihnen im Regen entlang der Autobahn. Ich durfte einen klitzekleinen Teil des Weges mitgehen. Dafür bin ich dankbar. Und deshalb gibt es viele Dinge, die ich in diesem Buch nicht erzählen kann, manche Namen habe ich geändert. Aus Respekt vor den Menschen und der Walz. Und weil ich verstanden habe, dass es manchmal besser ist, nicht zu berichten.

Okay, dann los jetzt. Es hat keiner gesagt, dass es nicht anstrengend werden würde. Dies ist kein Buch über die Walz. Oder über Wandergesellen. Es ist auch kein Lehrbuch über den Lokaljournalismus. Es ist ein Menschenbuch. Ich möchte hier von meiner knapp viermonatigen Wortwalz als reisende Reporterin durch Deutschland erzählen und von meinen Begegnungen am Wegesrand. Denn diese Reise hat etwas mit mir gemacht. Und ich habe immer noch den Spruch der Bäckergesellin Sarah im Kopf: »Walz ist das, was du daraus machst.«

Das Bündel schnüren

1

Meine Regeln für die Wortwalz – Ein Bannkreis und viele Verbote

Doch wie geht man los ohne Vorgänger? Die schreibende Zunft kennt keine Reisetradition. Wenn ich jetzt auf Wortwalz gehe, dann will ich mich am Kodex der Wandergesellen orientieren. Die Regeln der Reisenden scheinen mir nützlich. Ich bestelle Bücher und spreche fortan auf der Straße jeden Handwerker an, den ich sehe – kein einziger entpuppt sich als ehemaliger Wandergeselle. Ich schaue den famosen Film *Für den unbekannten Hund*, in dem die Berliner Filmemacher Gebrüder Reding eine Geschichte rund um die Walz erzählen. Darin taucht der schöne Satz auf: »Alles Mögliche ist verboten auf Wanderschaft. Wie du dich verhältst, das ist entscheidend.«

Offiziell kann auf Wanderschaft gehen, wer einen Gesellenbrief hat. Außerdem darf ein Wandergeselle noch keine 30 Jahre alt sein, darf keine Schulden und bestenfalls auch keine Vorstrafen haben. Ledig und kinderlos sollen Wandergesellen sein, damit sie nicht etwa vor der Verantwortung zu Hause davonrennen.

Ich nehme mir die Notizen von meinem Interview mit der Bäckergesellin Sarah vor gut einem Jahr vor. Regel Nummer eins: das Handyverbot. Wandergesellen reisen digital amputiert. Kein Smartphone, kein Blackberry. Das sorgt für eine seltsame Asymmetrie. Der Reisende ist unerreichbar für Freunde und Familie, während daheim alle in Sorge bangen.

Kommunikation wird zur Einbahnstraße. Auch die Wandergesellin Sarah konnte ich kaum für Nachfragen erreichen. Ich schickte ihr unzählige Mails. Wochen später klingelte sie von wildfremden Nummern durch.

Ein Handy ist also verpönt. Manche Wandergesellen nageln es an den Türrahmen. Ich werde meins auf dem Büroschreibtisch liegen lassen. Ich werde nicht jederzeit meine Eltern anrufen können. Ich werde kein Googlemaps zur Verfügung haben. Und mir auch nicht über Couchsurfing ein Bett organisieren können. Dazu kommt, dass ich keinen Laptop mitnehmen werde. Manche meinen zwar, das sei heute das Handwerkszeug einer Journalistin. Um Geschichten zu erzählen, muss ich aber vor allem zuhören können. Ich brauche nur einen Stift und einen Zettel. Mehr nicht.

Regel Nummer zwei: Kein Geld fürs Reisen oder Übernachten ausgeben. Für Hotels zu bezahlen ist genauso verboten wie eine Bahnkarte zu kaufen. Von dieser Regel gibt es nur eine Ausnahme, wenn jemand mir die Fahrt oder die Nacht sponsert. Die Reise soll zeigen: Von A nach B kommt man auch ohne Geld, ein Dach überm Kopf wird sich finden. Noch ist es Sommer, ich kann draußen auf meiner Isomatte schlafen. Ich kann überall nach einem Übernachtungsplatz fragen, ich muss bloß den Mund aufmachen. Theoretisch. Praktisch bekomme ich Panik. Wo werde ich unterkommen? Werde ich wie ein Heckenpenner durch die Gegend ziehen?

Nach Hause fahren ist nicht erlaubt. Um den Heimatort eines Wandergesellen wird ein Bannkreis gezogen. Näher als 50 Kilometer darf er oder sie nicht an den Ort heran. Eine No-go-Area, eine Bannmeile. Sie wird als kreisrundes Sperrgebiet in die Deutschlandkarte eingezeichnet. Und wenn die Autobahn nur fünf Kilometer in den Bannkreis hineinreicht? Vergiss es, tabu. Manche Wandergesellen bekommen unterwegs regelrechte Albträume, dass sie aus Versehen die trennscharf eingezeichnete Grenze übertreten. Bannkreisträume nennen sie das. Für mich hört sich das zunächst nicht so schwer an, diese Sperrzone zu meiden. Die eigentliche Herausforderung scheint mir zu definieren: Wo ist eigentlich mein Heimatort? Ist das mein Wohnort, also München, wo ich seit fünf Jahren lebe? Oder ist das der Ort, an dem ich aufgewachsen bin, wo meine Eltern leben, also eine Kleinstadt bei Hannover? Oder ist es mein Geburtsort, Frankfurt an der Oder, mit dem ich fast nichts verbinde? Für manche ist Heimat umzäunbar: Schule, Lehre, Elternhaus – alles an einem Ort. Bei mir ist das anders. Bei mir fühlt sich Heimat zerfleddert an. Ich kann nicht mal genau sagen, wo ich zu Hause bin. Ich bin im Osten geboren, im Norden aufgewachsen, habe lange im Süden gelebt. Ich beschließe, München zum Zentrum meines Bannkreises zu machen. Da darf ich jetzt also erst mal nicht mehr hin. Für wie lange noch mal?

Drei Jahre und ein Tag gehen Wandergesellen auf die Walz. Warum der eine Tag? Weil die Wanderschaft länger sein soll als die dreijährige Lehrzeit. Nur die Handwerkervereinigung der »Freien Vogtländer Deutschlands« macht da eine Ausnahme, bei denen sind es mindestens zwei Jahre auf Tippelei. Ob nun zwei oder drei Jahre, hier habe ich ein Problem. Für so lange zu gehen, traue ich mich nicht. Ich beschließe, es sollen drei Monate und ein Tag sein. Ich betrachte es als Experiment. Und die drei oben genannten Regeln einzuhalten, scheint mir schon schwer genug. Es gilt also: kein Handy und kein Laptop, kein Geld ausgeben fürs Reisen und fürs

Übernachten und ein 50-Kilometer-Bannkreis um München herum.

Mit einem Gerücht muss ich noch aufräumen. Viele denken, Wandergesellen reisen für Kost und Logis durchs Land. Das ist streng genommen falsch. Wenn ein Handwerker arbeitet, dann erwartet er dafür auch einen Lohn. Nicht bloß eine warme Kartoffelsuppe und ein Dach überm Kopf. Viele Wandergesellen haben mich darauf hingewiesen, dass sie ganz regulär nach Tarif für ihre Arbeit bezahlt werden. Und deshalb nehme auch ich mir vor, in den Lokalredaktionen die dort übliche Bezahlung zu verlangen. Zumal ich weiß, wie beschämend gering die Honorare bei Lokalzeitungen sind. Freie Mitarbeiter werden oft nach Zeilengeld bezahlt. Als Studentin habe ich manchmal 25 Cent pro Zeile bekommen, da kommt bei einem 100-Zeilen-Text, für den man einen ganzen Tag recherchiert hat, nicht viel rum. Lokaljournalisten sind also chronisch unterbezahlt, zumindest die meisten freien Mitarbeiter. Und deshalb will ich nicht diejenige sein, die in einer Redaktion aufschlägt und sagt: »Hallo, ich bin auf Wortwalz, ich schreibe auch für lau!« Ich will nicht dazu beitragen, dass der Lokaljournalismus noch weiter entwertet wird. Also schreibe ich nicht für »Kost und Logis«, auch wenn viele das später falsch verstehen werden. Sondern meine Aufforderung an meine Chefs lautet: »Zahlen Sie mir bitte das, was auch Ihre freien Mitarbeiter fürs Schreiben bekommen.«

Das Crowdfunding – Ich bin nicht allein

Mit meinen Einnahmen als freie herumreisende Lokaljournalistin werde ich nicht reich werden. So viel steht fest. Ich habe aber laufende Ausgaben in München, weil ich mich ja nicht traue, mein geregeltes Leben komplett aufzulösen. Deshalb will ich noch etwas anderes ausprobieren: Crowdfunding. In der letzten Zeit habe ich beobachtet, dass sich immer mehr kreative und journalistische Projekte so finanzieren. Auf Portalen im Netz stellen Menschen ihre Ideen vor. Andere schauen sich die Videos an, und wem ein Projekt gefällt, der klickt auf »unterstützen«. Mal sind es fünf Euro, mal 25 Euro mal 250 Euro. Die Summe kann verschwindend gering wie ein Taschengeld sein, das Kleinvieh macht die Reise möglich.

Bevor mein Crowdfunding losgeht, brauche ich eine Internetseite. Die baue ich selber. Wenn ich schon unter dem Motto losmarschiere »Journalismus ist ein Handwerk«, dann gehört wohl dazu auch, den Internetauftritt allein zu zimmern. Wie mühsam das ist! Bald habe ich gehörig die Nase voll vom Selbermachen. Aber immerhin hat mich das Ganze auf diese Weise kaum etwas gekostet. Eben nur diese 11,88 Euro für die Domain-Registrierung damals. Mein Lieblingsnachbar Frank dreht mit mir ein Video. Das Twitter-Profil namens »Wortwalz« habe ich mir schon vor einem Jahr gesichert. Damals hatte ich gemeinsam mit meinem Journalistenkollegen Max weiter am Konzept der Wortwalz gearbeitet. Wir hatten uns sogar um ein Stipendium beworben, um Geld für die Reise zu sammeln. Und eine Absage kassiert. Max stieg aus, ich sagte: »Ich mach's trotzdem.« Die erste Lektion der Reise lautete: Mach weiter, auch wenn der Mut dich verlässt.

Das Crowdfunding für die Wortwalz soll 30 Tage lang auf dem Portal Startnext laufen. Als ich das Video veröffentliche, kribbelt es mir in den Fingern wie bei einer Online-Auktion auf Ebay. Ich habe mir einen kleinen Kniff überlegt: Ich will nur 142 Euro sammeln, eine symbolische Summe. So viel kostet ungefähr eine Zugfahrt durch Deutschland. Doch im Grunde brauche ich kein Geld für ein Zugticket, denn ich will ja trampen und möglichst viel zu Fuß gehen. Eine Wandergesellin hat mir dazu ein Beispiel aus ihrem Reisealltag erzählt: Eigentlich fährt sie nie Zug. Außer in ganz seltenen Fällen, wenn ihre Freunde zusammenlegen und ihr ein Schönes-Wochenende-Ticket für die Bahn kaufen. Dann treffen sie sich außerhalb ihres Bannkreises. Wenn ihre Freunde das anbieten, dann willigt die Wandergesellin ein. Frei nach dem Motto: »Was von Herzen gegeben wird, wird von Herzen genommen.« So will ich es beim Crowdfunding auch machen. Wenn die Menschen mir etwas geben wollen, dann nehme ich es dankbar.

Und sie wollen geben. Ich bin überrascht. Innerhalb weniger Stunden habe ich die 142 Euro zusammen. Und mit jedem Klick steigt die Summe des gesammelten Geldes. Die Besucherzahlen meiner Webseite schnellen in die Höhe. Die *Süddeutsche Zeitung* will mich interviewen. Mein Postfach quillt über, die Menschen sind begeistert von meinem Vorhaben, dabei bin ich doch noch nicht mal losgelaufen. Wie auf einem

Luftpolster schwebe ich an diesen Tagen ins Büro. Eine Crowd, die deine Idee unterstützt, ist wie Rückenwind. Nach 30 Tagen sind tatsächlich 2132 Euro von 74 Unterstützern zusammengekommen. Es ist, als hätte man mir 74 Mal auf die Schulter geklopft.

Der beste Nebeneffekt ist, dass sich mehrere Dutzend Lokalredaktionen bei mir melden. Von Celle bis Regensburg, von Aalen bis Hamburg. Kollegen schreiben mir, wie gut sie die Idee finden, den Lokaljournalismus zu erkunden, und laden mich zu sich ein. Andere bieten mir ein Bett, eine Führung durch ihre Stadt oder Kontakte zu Redaktionen an. Der Lokaljournalismus wird sonst offenbar so sehr belächelt, dass jetzt gleich alle einen Luftsprung machen, wenn mal eine sagt: »Ich nehme mir ein Herz für den Underdog.« Besonders rührt mich die Redaktion der *Schwäbischen Post* in Aalen. Auf Facebook schicken sie mir ein Foto der versammelten Redaktionsmannschaft und dazu den Text: »Wortwalz! Genial! Gerade sind wir in der Redaktion der Schwäbischen Post in Aalen um einen Computer herumgestanden und haben dein Video geschaut. Wir sind begeistert von deiner Idee und haben überlegt, wie wir dich abhalten können, in den Norden zu fahren, sondern erst einmal im Süden zu bleiben und uns in Aalen zu besuchen. Unser Chefredakteur Lars Reckermann hat dir gerade 150 Euro gespendet und wir überlegen schon, wie wir dich unterbringen könnten.«

Mit solchen Reaktionen habe ich nicht gerechnet. Um ehrlich zu sein, wundere ich mich, dass bisher alles so gut läuft.

Wandergesellen-Shitstorm – »Das brummt nicht«

Es kommt dann doch noch anders. Während sich meine Idee der Wortwalz in virtuellen Netzwerken und sozialen Medien rasant verbreitet, braucht es ein wenig Zeit, bis die ersten Wandergesellen auf der Straße davon Wind bekommen. Und die fühlen sich offenbar auf den Schlips getreten, im Wortsinn. Mehrere Reisende hatten mich vorher gewarnt. Auch Sarah hatte mir geschrieben: »Habe noch mal über deine Idee, deine Reise Wortwalz zu nennen, nachgedacht. Dass du es auf keinen Fall Walz nennen solltest, bei dieser Meinung bleibe ich! Das Konfliktpotential ist zu groß. Wenn du herausfindest, was die Walz bedeutet, wirst du verstehen, warum dieses Wort deinem Vorhaben in keinster Weise gerecht wird!« Ich denke lange nach. Und werde bockig. Ich halte mich an die Empfehlung, keine Kluft zu tragen, aber den Namen des Projekts, den kann und will ich jetzt nicht mehr ändern. Ich bin keine Wandergesellin, gebe mich auch nicht als eine aus.

Dann klingelt mein Telefon: »Moin, hier ist ein Tischlergeselle, wenn du Jessica bist, müssen wir mal reden. Der Schnack auf der Straße läuft gerade nicht gut für dich.« Oha, denke ich mir. Eine Stunde lang telefoniere ich mit dem Gesellen. Er mache sich ein bisschen Sorgen, ob ich da wirklich jedes Fettnäpfchen am Straßenrand mitnehmen will. Geduldig erklärt er mir, was ihn an meiner Idee störe: Ich erwecke den Eindruck, ich wolle in der traditionellen Kluft auf die Straße. Ich solle im Untertitel der Website die Formulierung »Gesellenwanderung durch den Lokaljournalismus« ändern. Ich solle unbedingt in einer Zeichnung von Wandergesellen, die ich auf meiner Internetseite verwende, den Schlips wegretuschieren, der eine falsche Assoziation wecken würde. In welches Wespennest habe ich da bloß gestochen?

Dann geht es auf Facebook weiter: Dort postet ein Wandergeselle eine Art Fahndungsfoto von mir und sagt, man solle mich nach Hause schicken, wenn man mich auf der Straße treffe. In seinem Slang heißt das: »Brummt nicht! Primme in deinen Harz und bleib da … oder geh als Backpacker los! Aber vergewaltige nicht das Wort Walz und die alte Tradition, die wir Handwerksgesellen täglich leben. Drei Jahre lang. Du wirst nie verstehen, was das bedeutet.« Eine Wandergesellin schreibt mir: »Wir hassen Trittbrettfahrer. Denkt euch doch euer eigenes Ding aus, du kannst doch Praktika machen, wie es sich für Bürogummis gehört!« Ich sitze still am Laptop und komme ins Grübeln. Ich bin noch gar nicht losgelaufen und schon gibt es Leute, die sagen: Eine Journalistin hat auf der Straße nichts verloren. Manche befürchten, ich würde als eine Art verkleidete Reisereporterin ihrer lang gehüteten Tradition schaden. Es gebe gute Gründe, warum nicht einfach jeder Hans-Wurst auf die Walz gehen kann. Man müsse ein Handwerk gelernt haben und einen Gesellenbrief haben.

Aber ich muss auch lachen, denn ich frage mich: »Warum meckern die denn ausgerechnet auf Facebook rum?« Ist doch eine Farce, dass sich die Konservativen unter den Wandergesellen ausgerechnet im digitalen Massenmedium Nummer eins beklagen. Jene, die um den Erhalt ihrer Tradition fürchten, haben sie doch schon längst selbst untergraben. Indem sie vorm Computer rumhängen und mir Drohgebärden schicken. Und wie traditionell ist die Tradition denn heutzutage wirklich? Stehen die Gesellen etwa beim Trampen an der Autobahn und warten auf eine Pferdekutsche? Natürlich bin ich eine Zumutung – aber dass Reporter reisen, ist nicht neu. Schon 1931 ging ein Journalist auf Tippelei und schrieb ein Buch, das heute nur noch antiquarisch erhältlich ist. In *Servus Kumpel* beschreibt Paul Ettighoffer, Jahrgang 1896, in altdeutscher Schrift die »Tippelabenteuer eines warmherzigen Reporters, der nicht mit Kleinauto und dickgefüllter Brieftasche die Romantik der Landstraße gesucht hat, sondern selbst in schäbiger Kluft, ohne Kragen und Geld als richtiger Kumpel mit den Zünftigen an Rhein und Mosel gewandert ist«. Ein Bruder im Geiste.

Letztlich nehme ich das Ganze mit Humor. Denn während einige mir ein Bein stellen wollen, bevor ich überhaupt losgelaufen bin, komme ich auf diese Weise auch in Kontakt mit vielen Wandergesellen, die mir mehr von der Tradition des Reisens erzählen. Ein älterer Tischler, der früher auf der Walz war, schreibt mir eine Nachricht: »Ich weiß, wie schwierig das Leben auf der Straße sein kann, deinen Berichten nach zu urteilen hast du dich schon sehr gut in Gesellenkreisen informiert, wahrscheinlich bist du aber auch nicht immer auf Wohlwollen gestoßen. Es existiert eine gewisse Reserviertheit der Presse gegenüber, daher möchte ich dich darin bestärken, dich nicht von intoleranten zünftig Reisenden entmutigen zu lassen und dein Ding so durchzuführen. Auch das Schreiben ist ein ehrbares Handwerk genauso wie Zahntechniker oder Blechblasinstrumentenbauer, genau diese Vielfalt macht das reisende Volk aus.« Ich seufze. Der Tischler lädt mich auf seinen Hof in Norddeutschland ein, dort wartet jetzt ein Bauwagen auf mich. Keiner kann mir verbieten auf die Straße zu ziehen. Freiheit ist für alle da.

Das Reisegepäck – Weniger ist schon zu viel

Auf die Wortwalz, fertig, los. Jetzt muss ich Sachen packen. Es ist Ende Juli, noch zwei Tage bis zur Abreise. Was nehme ich nur mit? Die Bäckergesellin Sarah schickt mir per Mail eine Packliste. Besonders rührt, dass sie rät: »Vergiss nicht einen USB-Stick mit deinen Dokumenten mitzunehmen.« Sie hat sich wirklich Gedanken gemacht, was ich unterwegs brauche. Dabei arbeitet sie gerade in einer deutschen Bäckerei in Kanada, so weit weg. Ich bin ein bisschen traurig, dass ich keinen Reisenden gefunden habe, der mich in den ersten Tagen begleiten wird. Ich werde allein unterwegs sein. Also keine Fehler beim Packen machen.

- persönliche Dokumente (Perso, Versicherungskarte, Impfpass)
- USB-Stick mit den Daten für deine Umsatzsteuervoranmeldung
- Schlafsack (Isomatte optional)
- 2 Hosen (bequem, aber alltags- und baustellentauglich)
- 3 T-Shirts
- Unterwäsche
- Zahnbürste + Pasta
- Deo (parfümfrei)

- Bikini oder Badeanzug
- kleines Handtuch
- dünne Stoffjacke
- festes Schuhwerk (zusätzlich Flipflops)
- Fotokamera
- Adress- und Notizbüchlein + Stift
- Wasserflasche
- etwa 100 Euro Bargeld und deine Kontokarte

Eine Expedition in das unbekannte Land vor meiner Haustür steht bevor. Ich schalte in den Offline-Modus, verstaue lauter analoge Dinge in Stoffbeuteln: Ein Adressbuch, in das ich handschriftlich die Kontaktdaten aus meinem Telefon übertragen habe. Briefmarken. Einen TAN-Generator, mit dem man Online-Banking auch ohne Handy machen kann. Und ausgedruckte Dokumente. Zum Beispiel eine lange Liste mit den rund 50 Einladungen von Redaktionen und Privatleuten. Quer durch die ganze Republik haben mir Journalisten und Kollegen, Schreiner und Zimmerer, Buchautorinnen und Gasthofbesitzerinnen geschrieben und mir angeboten, sie zu besuchen.

Meine Freundin Magdalena hat noch ein besonderes Geschenk für mich: Eine Telefonzellenkarte mit zehn Euro Guthaben. So ein Ding habe ich das letzte Mal benutzt, als ich als Teenager im Ferienlager war. Ich weiß nicht mal, wie diese Notrufsäulen heute funktionieren. Und ob es sie überhaupt noch gibt. Deshalb starten Magdalena und ich jetzt eine kleine Achtsamkeitsübung, wie sie es nennt. Wann immer wir in den Wochen vor meiner Abreise eine Telefonzelle sehen, schicken wir uns gegenseitig ein Handyfoto davon. Das verändert meinen Blick auf die Stadt völlig. Auf einmal entdecke ich in meinem Münchner Viertel Telefonzellen, die mir vorher nie aufgefallen sind. Ich entwickele einen Scan-Blick für das leuchtende Magenta der Telekom-Schilder und merke dadurch, wie häufig ich im Alltag Scheuklappen trage. Die Telefonzellen werden zum Symbol für die vielen blinden Flecken auf meiner Netzhaut, mit denen ich durch die Gegend stolpere. Ich bin eingebettet in die Annehmlichkeiten eines Alltags, in dem ich es mir möglichst kuschelig gemacht habe. Ich bin so abhängig von meinem Handy, dass ich mir gar keine Vorstellungen mache, wie es ohne sein wird. Langsam dämmert mir: Diese Reise wird kein Schonwaschgang.

Ich sage jetzt: »Servus, München!« Und: »Hallo Angst. Hallo Abenteuer.« Noch vier Stunden schlafen, dann geht die Wortwalz los. Die Bude ist leergeräumt, der Rucksack gepackt. Zimmer untervermietet, Aufträge gecancelt, bereit gemacht zum Absprung. Als ich in München noch mal an der Isar entlangspaziere und mich seufzend von der Stadt verabschieden will, entdecke ich ein Plakat. Der herrliche Humorist Karl Valentin ist dort mit seinem Prachtsatz zu lesen: »Mögen hätt ich schon wollen, aber dürfen habe ich mich nicht getraut.« München winkt zum Abschied.

Mögen
hätt ich
schon
wollen,
aber
dürfen
hab ich
mich
nicht
getraut.

Auf die Wortwalz,
fertig, los!

2

Losgehen – Letzter Schnaps am Ortsschild München

Jetzt gibt es nichts mehr, das mich hält. Beduselt sitze ich oben auf dem gelben Ortsschild am Stadtrand von München. Ich lasse mich auf der anderen Seite herunterfallen, schultere den roten Rucksack und laufe los in mein großes Abenteuer. Und drehe mich nicht noch einmal um. Mein Kopf fühlt sich nach der Beerdigung der halbleeren Schnapsflasche unterm Ortsschild so an: ziemlich voll. Die Nacht zuvor habe ich kaum geschlafen, habe in alberner Aufgeregtheit versucht, den großen roten Rucksack zu packen. Immer wieder räumte ich Dinge ein und wieder aus. Das Pfefferspray von meiner Mitbewohnerin. Das Taschenmesser von einer Kollegin. Um Himmels willen, wovor soll ich mich denn damit bloß verteidigen? Ich versuche das Gepäck zu reduzieren, denn vom Wandern weiß ich: Es ist bloß die eigene kiloschwere Eitelkeit, die ich mir da auf den Rücken lade. Vor Jahren bin ich einmal zu Fuß von München nach Venedig gewandert, da hatte ich nicht mal ein Deo dabei. Jetzt landet ein Kajalstift in meinen Rucksack. Er wird nicht das einzige Gepäckstück sein, das ich in den nächsten Wochen und Monaten wieder nach Hause schicke.

Ich halte mich an die Tradition der Walz, so gut es eben geht. Anders als Wandergesellen trage ich aber keine Kluft. In ihrem schönen doppeldeutigen Wortsinn bildet die Kluft tatsächlich eine Kluft. Zwischen Reisenden und Kuhköppen. Sie ist Wandergesellen vorbehalten, sie ist Fluch und Segen zugleich. Wer trägt schon gerne bei 30 Grad im Schatten auf einer Baustelle eine Hose aus festem schwarzen Cordstoff? Wer achtet schon gern bei jeder Gelegenheit auf seinen Deckel, den Hut? Überhaupt ist es heikel mit diesen Hüten. Man sagt, ein Wandergeselle zieht vor niemandem den Hut, nur vor der Küche, manche auch vor der Kirche. Wer einem Tippelbruder aber den Deckel klaut, muss ihn mit einem Kuss bezahlen. Wer es wagt, den Hut auch noch aufzusetzen, muss die Nacht mit ihm verbringen. So sagen es jedenfalls manche …

Die Gesellenkluft ist ein Hingucker. 80 Zentimeter weit ist der Schlag der Hose, mindestens vier Zentimeter breit die Hutkrempe. Ein Staudenhemd, ein Jackett mit sechs Knöpfen, eine Weste mit acht. Sie stehen symbolisch für sechs Tage Arbeit in der Woche, acht Stunden am Tag. Die Farbe der Kluft lässt das Handwerk des Reisenden erkennen: Zimmermänner, Schreiner und die sogenannten Holzgewerke tragen Schwarz, Steinberufe Grau oder Beige, Metallhandwerker Blau, farbgebende Berufe wie Schneiderinnen und Maler Rot. Jede Gruppe hat ihre eigenen Erkennungszeichen. Die einen tragen Knöpfe groß wie Untertassen am Jackenrevers, die anderen klappen den Stehkragen ihres Staudenhemds nach innen ein. Wer ein Metermaß in der Hosentasche trägt, der arbeitet gerade. So erzählt jedes Detail eine Geschichte. Es sind die Codes der Vagabunden.

Wandergesellen haben sogar eine eigene Sprache. Sie nennt sich Rotwelsch, ist geheimnisumwittert. Ihre Wurzeln reichen zurück zu einer mittelalterlichen Gaunersprache. Dabei finden sich Spuren davon sogar in unserem Alltagswortschatz.

Das Wort »Schlitzohr« ist ein Beispiel dafür: Ein Wandergeselle trägt im linken Ohr einen Ring als einzigen Wertgegenstand bei sich. Auf das Versprechen, sich ehrbar und löblich zu verhalten, wird ein jeder festgenagelt. Mit einem Nagel wird das Ohrläppchen ans Holz gehämmert, in das genagelte Ohr ein sogenannter Hänger gesteckt. Manche sagen, mit diesem Ohrring sollte ein Wandergeselle im Notfall seine Bestattung bezahlen. Lässt sich ein Wandergeselle nun etwas zu Schulden kommen und verhält sich grob unehrenhaft, wird ihm der Ohrring von Kameraden ausgerissen. Am geschlitzten Ohrläppchen erkennt man also den Untugendhaften, das Schlitzohr.

Als Wandergeselle ist man immer Repräsentant, steht stellvertretend für die Handwerkerehre. Und muss manchmal im 5-Minuten-Takt Auskunft geben und die immer gleichen Fragen beantworten. Man wird allerorten erkannt und angesprochen. Wer in Kluft am Straßenrand steht wird ratzfatz mitgenommen. Ein Zimmermann aus dem Ruhrpott erklärte mir einmal, was er über das Tragen der Kluft in seinen drei Wanderjahren gelernt hatte: »Im ersten Jahr verzaubert dich die Kluft, im zweiten Jahr lernst du mit der Kluft zu zaubern und im dritten Jahr verstehst du: Es ist die Kluft, die zaubert.«

Eine Kluft zum Zaubern? Steht mir nicht zu. Ich bin bloß in einem blau karierten Holzfällerhemd und mit einem kleinen Filzhütchen von H&M unterwegs. Um den Hals trage ich eine Messingkette, in die drei Pusteblumensamen eingefasst sind, ein Freundinnengeschenk. Ich habe mir vorgenommen, mich nicht zu verkleiden und nur Klamotten auf die Reise mitzunehmen, die ich schon vorher im Schrank hatte. Auch wenn es mich manchmal sehr gejuckt hätte, so einen schicken

Anzug anzuziehen. Wandergesellen nennen sich mitunter selbst scherzhaft »Penner in Maßanzügen«. Herrlich. Gewaschen wird die Kluft übrigens höchst selten. Dafür zu Beginn der Reise einmal »eingeschmort«, also ordentlich mit Bier begossen. Auch das ist ein Zeichen der Wertschätzung. Und immerhin habe ich dieses Ritual, das Sich-mit-Schnaps-beduseln, ja seit dem Umstrunk am Ortsschild hinter mir.

Gerade mal zwei Kilometer bin ich gelaufen, stur an der Bundesstraße 13 entlang, auf betonierten Radwegen. Die Autos zischen an mir vorbei. Ich bin aufgewühlt wie ein Jacuzzi. Mein Gehtempo erscheint mir unerträglich langsam. Meine Schritte schwer wie hingeworfene Mehlsäcke. Als ich an einer Mülldeponie vorbeilaufe, wandert mein Blick zwischen Drahtgittern und verrosteten Karosserien hin und her. Ich denke an all die Abenteuerbücher, die daheim in meinem Regal stehen. Ich verehre Autoren wie Andreas Altmann, Wolfgang Büscher, Ryszard Kapuściński. Sie bringen den Sound der Straße auf den Punkt, bei denen ist unterwegs ständig was los, andauernd scheint ihnen Magisches zu widerfahren. Da bleibt kein Platz für Banalität am Wegesrand. Für Zweifel. Für Unsicherheit. Für Schluckauf. Ich erinnere mich, wie ich noch kürzlich mit einem Freund darüber spottete, dass in diesen Büchern immer im dramaturgisch korrekten Moment ein Wolf aus dem Wald auftaucht, als Bote der Wildnis. Man denkt so: »Ja, klar!« Doch während ich jetzt so vor mich hin stapfe, erblicke ich im Augenwinkel etwas Rotbraunes. Überrascht bleibe ich stehen. Ein Fuchs. Er schaut mich wachsam an, bewegt sich keinen Zentimeter. Er ist mager, sein Fell struppig. Ja, er ist ein Rumtreiber, sieht man gleich. Und ich muss lachen. Weil ich in diesem fuselduseligen Moment nach meiner Abreise am Ortsschild bereit bin, in allem ein Zeichen zu sehen. Auch in einem Fuchs.

Heute Morgen noch hatte mir ein einheimischer Wandergeselle einige Zeilen geschickt. Er war zunächst ein harter Kritiker meiner Wortwalz gewesen. Ein kantiger Typ, mit scharfem Blick und fordernden Fragen, der aber auch eine weiche Seite hatte. »Ich glaube du könntest verstehen, welchen Zauber es da draußen zu entdecken gibt«, sagte er zu mir nach unserem ersten Gespräch. Als der Tag meiner Abreise gekommen war, schickte er mir Mutworte. »Reisen ist von zu Hause weg zu gehen, Freunde zurückzulassen, versuchen zu fliegen, andere Zweige kennenzulernen, die Welt kennenzulernen, andere Leute kennenzulernen. Wieder und wieder anfangen, anfangen, die Hand auszustrecken, lernen vom Schwierigen. Reisen ist sich mit Verrücktheit zu kleiden, alles und nichts mit einer Postkarte zu sagen. In einem anderen Bett schlafen, fühlen, dass die Zeit kurz ist, zu fühlen, dass man geliebt wird. Reisen ist zurückzukehren!« Mit diesen Worten im Kopf, mit dem Fuchs vor Augen – und ein paar Tränchen darin – laufe ich weiter. In das Abenteuer zu meinen Füßen.

Ich marschiere. Ich gehe. Eine Stunde, zwei Stunden. Die Wirkung des Schnapses lässt nach. Der Radweg entlang der B13 ist anders, als ich mir das in meinen Roadmovie-Träumen vorgestellt hatte. Trampen will ich hier noch nicht. Ich habe gelesen, dass Wandergesellen zu Fuß aus ihrem Bannkreis herauslaufen, also will auch ich die ersten 50 Kilometer zu Fuß gehen. Für den Notfall habe ich mir einen Schild mitgenommen. Ein Blatt Papier, das ich mit Klarsichtfolie überzogen habe und im Rucksack bei mir trage. Darauf habe ich in Stichpunkten notiert, was die Wortwalz ist. Die Rückseite des Schildes ist weiß, damit ich meinen jeweiligen Zielort beim Trampen darauf schreiben kann – mit einem wasserlöslichen, abwischbaren Filzstift. Ich bin so gut ausgerüstet wie ein Schreibwarenladen. Unter echten Haudegen und Straßenstreunern würde man mich dafür sicher auslachen. Aber, hey: Ich habe nun mal niemanden, der mich »auf die Straße bringt«, also muss ich mir selbst ein bisschen Sicherheit verschaffen. Und sei es nur mit einem laminierten Konzept und einem wasserlöslichen Filzstift.

Ich trottete trostlos vor mich hin. Von Weitem sehe ich etwas am Fahrbahnrand liegen. Ein weißes Schild, es sieht genauso aus wie, nun ja, mein eigener laminierter Zettel. Ich wundere mich, bücke mich, greife ins nasse Gras und frage mich: Wie um alles in der Welt kommt an diesen Ort hier, am Straßenrand einer Bundesstraße, wo sonst niemand ist, ein laminierter Zettel hin? Ich drehe das Ding um und muss schon wieder laut lachen. Auf der Rückseite des Zettels, der meinem zum Verwechseln ähnlich sieht, ist ein großes Hundefoto. Einfach so. Das Bild eines dahinjagenden schwarzen Rottweilers mit glänzendem Fell. Ist es zu glauben? Ein laminierter Hund wartet am Straßenrand auf mich! Zwölf Kilometer vom Ortsschild entfernt treffe ich meinen ersten Weggefährten, einen, der mich treu begleiten wird. Ich kichere vor mich hin. Ab jetzt soll er mein Reisekamerad sein: Lumpi, der laminierte Hund. Leicht abwischbar und gut verstaubar im Gepäck. Keine Ahnung, wo er herkommt, aber er scheint als Straßenköter schon einiges erlebt zu haben. Ich freue mich über die Gesellschaft und diese ulkigen Zeichen am Wegesrand. Erst der Fuchs, jetzt der Hund – was wohl als Nächstes

kommt? Ist das hier eine Schnitzeljaged, eine Reise-Rallye? Gut zu wissen: Wir Streuner sind nicht allein.

Auch wenn ich mir fest vorgenommen habe, die ersten 50 Kilometer zu Fuß zu gehen, lande ich dann doch bereits am ersten Tag meiner Wortwalz in einem fremden Auto. Und das kommt so: Ich sitze müde am Straßenrand unter einem Apfelbaum und knabbere Nüsse. Meine Beine sind schwer. Am Horizont ziehen Gewitterwolken auf, und mich treibt die Sorge um, wo ich heute wohl übernachten werde. Es ist ganz still im Dorf, nur ab und zu fährt ein Auto durch Fahrenzhausen. Große Bauernhäuser, warme Sommerluft, es riecht nach frisch gemähtem Gras. Ich beobachte einen vollautomatischen Rasenmäher-Roboter, der einsam auf raspelkurzem

Rasen seine Runden dreht. Die Wirtschaft namens *Sakrisch Guat* hat geschlossen. In den Vorgärten haben die Leute vom Land Schilder aufgestellt: »Kaufe jedes Auto«, steht da geschrieben. Oder: »Nein zur dritten Startbahn«. Hier lässt man die Kirche im Dorf. Dies ist schon die Provinz, denke ich. Da hält plötzlich ein Kleinwagen vor mir. Eine Stimme fragt: »Handwerk oder Pilgern?« Ich sage: »Ähh … also …« Der Mann winkt, ich solle ins Auto einsteigen. »Ich habe Sie heute Morgen schon laufen sehen, als ich nach München in die Stadt gefahren bin. Und habe mir gedacht: Wenn ich die Frau mit dem Rucksack und dem weißen Fähnchen auf dem Rückweg wieder sehe, dann frage ich sie, ob ich sie mitnehmen kann.« Das alles sagt Michael, Ende 30, in einem ruhigen netten Tonfall. Witzig, denke ich mir, jetzt habe ich nicht mal darum gebeten, mitgenommen zu werden, und schon kommt mir der erste Mensch entgegen. Ich erinnere mich an den Spruch, den ich von Wandergesellen gehört habe: »Was von Herzen gegeben wird, wird von Herzen genommen.« Hier ist jemand, der mir Hilfe anbietet, und ich habe keinen Grund, sie auszuschlagen. Also steige ich ein. Michael arbeitet bei der Volkshochschule Pfaffenhofen, er fährt mich bis zum Kloster Scheyern, einem großen Benediktinerkloster. Dort frage ich Pater Lukas nach einem Schlafplatz und werde in ein nahe gelegenes Mädchenwohnheim mit dem Spitznamen »Saustall« geschickt, wo ich meinen Schlafsack ausrollen darf. Meine erste Mitfahrgelegenheit Michael verabschiedet mich mit den besten Wünschen und einem herzlichen Winken aus seinem Kleinwagen. Ich verbringe die Nacht auf einem Kunstledersofa im Flur der fast leeren Wohngemeinschaft, gebatikte Tücher hängen an der Wand, ich esse Butterkekse zum Abend-

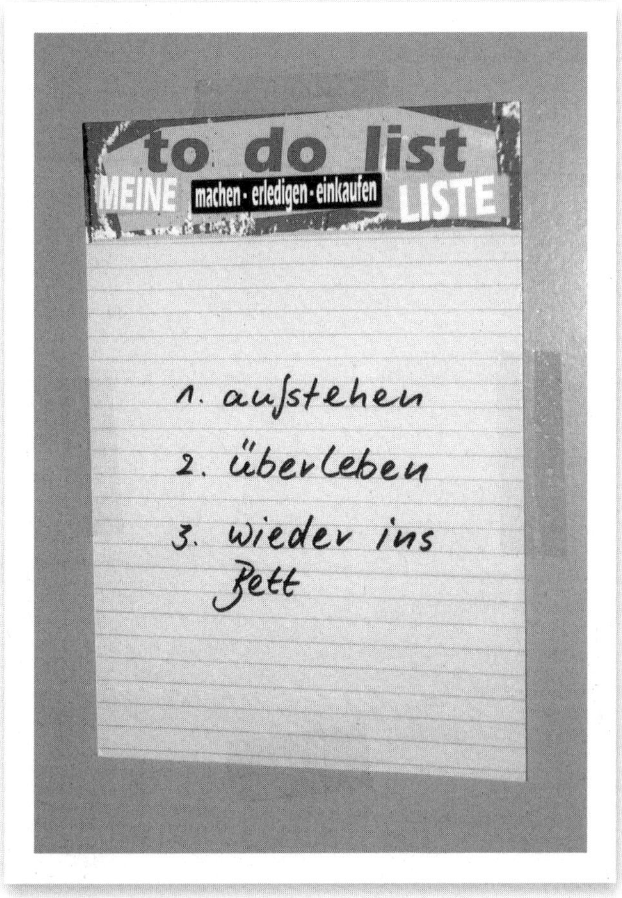

brot. An der Tür eines WG-Zimmers sehe ich einen Tagesplan zum Abhaken mit recht einfachen Aufgaben. Das hat heute zumindest schon mal geklappt. Noch dazu viel besser, als ich es erwartet hätte, und auf eine Art und Weise, die ich nie und nimmer hätte planen können. Tag 1 der Wortwalz wäre hiermit überlebt.

Draußen sein – Die ersten Tage auf der Wortwalz

Wenn Wandergesellen zur Walz aufbrechen, begleitet sie zumeist ein Altgeselle, manchmal auch Exportgeselle genannt. Er bringt den sogenannten Jungschen los. Der Alte zeigt dem Neuen, wie es läuft auf der Straße, welchen Schnack man kennen muss. Wo man pennen kann, wie man Hilfe findet. Tage, Wochen, manchmal Monate verbringen sie zusammen. Zuweilen in eheähnlichen Verhältnissen, wie manche scherzhaft sagen. Wer mal zusammen getippelt ist, der kennt sich halt. Dieses Bündnis hat aber auch so seine Tücken. Mancher Exportgeselle stellt seinem Jungschen Reiseaufgaben. Schickt ihn für drei Tage fort, ans andere Ende der Republik, um eine bestimmte Kekssorte oder eine Flasche Bier zu besorgen. Der Altgeselle testet seinen Jungschen. Er wird in den ersten Tagen auf der Straße zum Familienersatz, zum Partnerersatz, zum Freundesersatz. Diese Bindung muss einiges aushalten.

Natürlich habe ich so was nicht.

Schließlich gab es vor mir noch keine Journalistin auf Wortwalz, von der ich wüsste. Ich muss mir also meinen eigenen Weg bahnen. Renne einfach so los, werde nicht »losgebracht«, wie es heißt. Ein Wandergeselle aber, der meinen Blog verfolgt, schreibt mir: »Da du ja ohne Exportgesellen und ohne Losgehtippelcombo los bist, mögen die ersten Kilometer vielleicht ein wenig trostlos gewesen sein. Jede Menge

Zeit zum Nachdenken, hm? Ab in den Wald mit dir! Immer querfeldein, immer dem Wind nach. Die ersten Wochen einfach mal auf der Straße ankommen, loslassen, weg von dem Gewohnten. Reise, reise, reise.«

In den ersten Tagen habe ich keine Ahnung, wie das alles klappen soll. Ich laufe querfeldein, grob Richtung Norden. Ich habe nur einen Autoatlas dabei, und selbst der wird bald aus dem Rucksack fliegen müssen, weil er zu schwer ist. Wanderwege sind darauf nicht eingezeichnet. Also marschiere ich der Nase nach durch das Donaumoos nördlich von München. Um mich nicht komplett zu verirren, halte ich mich an die Bundesstraße 13, bald auch an die Autobahn A9. Meine Gedanken kreisen um die Frage, wie ich wohl in den nächsten Monaten Arbeit finden werde, wo ich schlafen werde. Das Korsett der bürgerlichen Sorgen sitzt festgeschnürt. Kaum Luft zum Atmen. All die Fragen, die mir andere zuvor stellten, spielen jetzt in meinem Kopf Fangen. Wie soll das funktionieren? Wo willst du hin? Ich hab keine Ahnung und bin unruhig. Wenn ich sonst zu einer Wandertour ins Alpenvorland aufgebrochen bin, dann hatte ich das Ziel immer fest im Blick: Morgens früh los, Wanderkarte eingesteckt, Wasservorrat mitgenommen. Doch diese Tour ist anders als ein Gipfelsturm. Ich muss mich darauf einlassen nicht zu wissen, wie es weitergeht.

Das beste Mittel, sich diesem Reiseprinzip auszuliefern, ist das Trampen. Das habe ich noch nie zuvor gemacht. Tatsächlich den Daumen rauszuhalten – einem in die Landschaft geschriebenen Fragezeichen gleich – ist eine Herausforderung für mich. »Nimmst du mich mit?«, lautet die Gretchenfrage der Autostop-Reisenden. Und sie richtet sich stets an Wildfremde. Bisher bin ich zwar oft bei Mitfahrgelegenheiten eingestiegen, mit denen ich mich zuvor übers Internet verabredet habe. Aber das ist etwas anderes. Dort meldet sich meist jener Typ Autofahrer an, der sich über eine Benzingeldbeteiligung freut. Oft genug saß ich dann eingequetscht zwischen zwei anderen armen Schluckern auf der Rückbank, von denen immer eine Luisa hieß und gerade im zweiten Semester was mit Medien studierte. Was war ich diese immergleichen »Und-was-machst-du-so?«-Gespräche in fremden Kleinwagen leid! So stellte ich mir das Trampen nicht vor. Wenn einer einen Tramper an der Straße mitnahm, dann musste das schon ein anderer Schlag Mensch sein, dachte ich.

Da ich keinen Exportgesellen habe, kann mir auch niemand zeigen, wie man richtig trampt. Nach meiner ersten Nacht im Mädchenwohnheim des Klosters laufe ich aus dem gemütlichen Scheyern hinaus. Ich gehe über Wald- und Wiesenwege. Mache Lesepausen, knabbere an Haselnusswaffeln herum. Ich bin jetzt gut 40 Kilometer gelaufen und habe keine Ahnung, wo ich als Nächstes hinwill. Auf der Karte habe ich gesehen, dass der kleine Ort Pfaffenhofen außerhalb meines Bannkreises liegt. Also visiere ich den grob an. Die Sonne scheint an diesem Vormittag, ich folge trällernd den Radwegen. Dann stelle ich mich an den Straßenrand und bin wild entschlossen: Ich werde jetzt trampen und den Daumen raushalten. Wenn von den ersten zehn Autos keines anhält, dann soll es wohl nicht sein …

Was für eine Schnapsidee.

Zögerlich halte ich den Daumen heraus. Ein roter Kombi kommt auf mich zugefahren – und fährt weiter. Ein silberner BMW nähert sich – und beschleunigt. Ich versuche die Gesichter der Fahrer hinter der spiegelnden Frontscheibe zu erkennen. Keine Chance. Mein Kopf läuft rot an, mein Puls steigt. Auto Nummer drei, vier und fünf rasen vorbei. Mein Daumen sinkt kraftlos nach unten. Himmel, ist mir das unangenehm. Ich weiß nicht, woher das kommt, aber ich spüre Scham, Sorge und auch ein bisschen Verzweiflung. Warum nehmen die mich nicht mit? Ich zähle bis zehn. Und gebe auf. Mann, bin ich ein Schisser.

Mein erster Trampversuch darf als gescheitert gelten. Frustriert stapfe ich weiter den Radweg entlang. Erst denke ich: Püh, dann eben nicht. Aber dann dämmerte mir, dass es wohl ein wenig mehr Entschlossenheit und Unverzagtheit braucht, um am Straßenrand mitgenommen zu werden. Dass ich mir ein Ultimatum von nur zehn Autos gesetzt habe, war Blödsinn. Das nächste Mal will ich es länger probieren. In diesem Moment ahne ich nicht, dass das Trampen innerhalb der nächsten Monate zur neuen Fortbewegungsmethode meiner Wahl werden wird.

So gehe ich zu Fuß nach Pfaffenhofen. Vom Ortsschild aus tappe ich bei heißen Sommertemperaturen vorwärts. Es ist Mittag, die Sonne steht hoch. Mir rinnt der Schweiß am Rücken runter. Mein blau kariertes Holzfällerhemd mieft. Und in diesem Aufzug will ich nun die Lokalzeitung erobern und um Arbeit vorsprechen. Hier gibt es als einzige Lokalzeitung den *Pfaffenhofener Kurier*. Das ist ein Ableger des Ingolstädter *Donaukuriers*, bei dem ich vor Jahren mal gearbeitet habe. Die blauen Lettern des Blatttitels sind mir noch wohlvertraut.

Die Zeitungsmacher wissen noch nichts von mir. Ich habe mich nicht angemeldet. Schnaufend stehe ich vor dem Schreibtisch der Sekretärin, die mich skeptisch beäugt. »Guten Tag, mein Name ist Jessica Schober, ich bin eine reisende Reporterin. Auf der Wortwalz wandere ich durch den deutschen Lokaljournalismus. In Anlehnung an die Tradition der Wandergesellen will ich mich in meinem Handwerk weiterbilden, nachdem ich meine Ausbildung an der Deutschen Journalistenschule abgeschlossen habe. Nun möchte ich in der Redaktion des *Pfaffenhofener Kuriers* mitarbeiten, ich brauche nur etwas zum Schlafen und etwas zu essen. Und etwas zu schreiben. Haben Sie da was für mich?«

Staunend schauen mich mehrere Augenpaare an. Ein junger Redakteur läuft aus dem hinteren Teil des Großraumbüros los, um den Chef zu holen. Ein anderer ruft: »Jau, gut, dass ich jetzt noch nicht in die Mittagspause gegangen bin.« Ich muss lachen. Aus meinem Rucksack krame ich die Artikel über mein Wortwalz-Projekt heraus. Dem Lokalchef Rudi Gegger erkläre ich nochmals, was ich vorhabe. Ich gebe ihm eine Mittagspause lang Bedenkzeit und lasse ihm mein ausgedrucktes Konzept da. Jetzt zahlt es sich aus, dass ich das dabeihabe. Zunächst schaut er skeptisch, aber dann sagt er: »Joa. Des kinne mia schoa moche!«

So leicht funktioniert das also: Innerhalb von einer halben Stunde habe ich erfolgreich um Arbeit vorgesprochen. Der erste Versuch hat geklappt. Eine Woche lang werde ich bei Redakteuren des *Pfaffenhofener Kuriers* übernachten und am Blatt mitarbeiten. Zack, habe ich einen Arbeitsplatz, ratzfatz habe ich eine Polizeimeldung zu korrigieren.

»Jetzt haben wir gleich zwei Mal die Schweinemast drin!«, ruft der Lokalchef bei der Blattbesprechung am ersten Abend, und in diesem Moment weiß ich: Ich bin angekommen mitten im deutschen Lokaljournalismus. Mein erster Arbeitgeber auf der Wortwalz. Es war die Probe aufs Exempel, ob die Idee funktioniert. Und ja, es klappt.

Es ist Anfang August, und ich bin unterwegs. Von einer fixen Idee nach einem Interview bis hierher war es schon ein gutes Wegstück. Ab jetzt geht die Reise wirklich los. Und sie steht ja unter dem Motto, dass ich mein Handwerk verbessern will. Also will ich fleißig sein, will mich in den Redaktionen nützlich machen. Dabei betrachte ich mich stets als Übende, als Lernende. Ich will nicht auftreten wie eine Unternehmensberaterin, sondern wie eine Wanderpraktikantin. Also frage ich bei jedem Abspeichern nach. Nerve die Redakteure mit meinem Nachbohren darüber, wie sie Twitter oder Facebook für die Arbeit nutzen. Und stelle ihnen tausend Fragen zu unserem Beruf.

Eine der witzigsten Geschichten, die mir der Lokalchef Rudi in dieser Woche beim *Pfaffenhofener Kurier* erzählt, ist die: »In unserer Lokalzeitung geht es ja oft um Geschichten, in denen die Kleinen Probleme mit den Großen kriegen. Einen, den ich nie vergessen werde, ist der Gockel Maxl. Der war eigentlich ein glücklicher Gockel, der lauter Hennen beglücken durfte und morgens laut krähte. Dann zog ein Arzt in das Dorf und legte sich wegen des Kikerikis mit dem Bauern an. Die ganze Geschichte eskalierte, Anwaltsbriefe hin und her, und am Ende verlor der Gockel Maxl seinen Kopf. Ich habe dann als Reporter ein Foto vom kopflosen Maxl vor der Tiefkühltruhe gemacht – die Bäuerin hat mir den gefrorenen Gockel entgegengestreckt. War natürlich eine Riesengeschichte im Blatt! Genau das sind die Lokalgeschichten: Wie der kleine Mann zu kämpfen hat.«

Rudi rät mir: »Du musst so schreiben, dass die Huber-Oma aus Jetzendorf dich versteht.« Ich weiß zwar nicht, wer das sein soll, aber es klingt einleuchtend. Lokalchef Rudi, ein hemdsärmeliger Typ mit Igel-Frisur, lebt mit der Redaktionssekretärin Gabi zusammen. Die beiden lassen mich bei sich zu Hause wohnen. Wir bilden eine Kurzzeit-Kollegen-WG zu dritt. Gabi legt mir morgens meine Wäsche frisch gewaschen und gebügelt auf den Schreibtisch. Rudi verrät mir Tricks am heimischen Grill. So lerne ich die Kollegen nicht nur im Büro kennen, sondern auch auf ihren Sommerverandas. Da erzählen die Redakteure dann von den Themen, die sie beschäftigen, im Beruf und im Leben.

Ich merke, dass da einiges an Geschichten schlummert. Die Geheimnisse unserer Zunft, nach denen selten jemand fragt. Also überlege ich mir, dass ich von nun an jeden Lokalchef, für den ich schreibe, interviewen will. Ich bitte Rudi zum »Meisterschnack«. So nenne ich die Rubrik in meinem Blog. Und frage ihn, wie er mit den Lesern kommuniziert. Dazu erzählt er eine Geschichte, die mir fast noch besser gefällt als die vom Gockel Maxl: »Wir hatten mal einen Rockerclub in Pfaffenhofen, also ganz brave Motorradfahrer, die ab und zu im Vereinsheim gefeiert haben. Über die habe ich als junger Lokaljournalist eine Geschichte geschrieben und war als Motorradfahrer auch recht begeistert von denen. Am nächsten Tag kam eine Leserin in die Redaktion, die hatte einen Zeitungsbriefkasten mit Erbrochenem in der Hand. Den knallte sie mir auf den Tisch und rief tief gekränkt, im schönsten Bairisch: ›Da haben's Ihre tollen Rocker!‹ Die Jungs aus dem Club hatten offenbar am Wochenende zuvor eine Fete gefeiert und einer der Rocker hatte sein Abendessen in den Zeitungskasten dieser netten Dame entleert. Und die Leserin brachte mir jetzt das vollgekotzte Ding vorbei. Das war mal eine Rückmeldung, halleluja!«

Nach vier Tagen in Pfaffenhofen habe ich einen Artikel über einen lokalen Unternehmer geschrieben, einen Unterwassertechniker, der in Seen und U-Bahn-Tunneln schweißt und hämmert. Ich habe Polizeimeldungen redigiert und Sportartikel Korrektur gelesen. Es war das tägliche Klein-Klein des Lokaljournalismus, eine feine Fingerübung. In meinem Reisenotizbuch habe ich festgehalten, dass ich insgesamt 26,90 Euro für Essen ausgegeben habe. Verdient habe ich bei dieser Zeitung 261,80 Euro. In der Abrechnung sehe ich später die Namen meiner Artikel aufgelistet. Die geben einen guten Überblick über die Themen, die hier in der Lokalzeitung landen: »Gemeinderat diskutiert in Schweitenkirchen«, »Polizei sucht Zeugin von Sexualdelikt«, »Kletterhalle eröffnet – auf Griff und Tritt himmelwärts« oder »Altbausanierung geht in die zweite Runde«. So geht es immer weiter. Manches davon klingt vielleicht banal, doch ich finde das toll! In solchen Themen steckt schließlich vieles von dem, was die Leute vor Ort beschäftigt. Die große Welt im Kleinen. Jetzt weiß ich wieder, warum ich den Lokaljournalismus immer so geliebt habe. Ich komme hier wirklich in Kontakt mit den Menschen und lerne Neues dazu. Es spricht also alles dafür, dass es auf meiner Reise so weitergehen kann.

Zum Abschied schreibt Lokalchef Rudi in mein Notizbuch eine Art Arbeitszeugnis: »Jessica bringt eine der wichtigsten Eigenschaften für einen Journalisten mit: Sie ist unheimlich neugierig.« Darunter drückt er den Stempel der Redaktion. Über das Wörtchen »unheimlich« muss ich lachen.

Auch Wandergesellen tragen stets ein Buch bei sich, sie nennen es Wanderbuch. Meist in Leder eingebunden, etwa so groß wie zwei Kippenschachteln. Dieses Buch ist ihnen heilig. Darin sammeln die Reisenden Stempel und Arbeitszeugnisse von allen Stationen der Reise. Stadtsiegel reiht sich an Stadtsiegel, in vielen Orten gibt es gar eigene Stempel für Wandergesellen. Mit herzlichen Grüßen vom Bürgermeister. Das Wanderbuch dient einem Reisenden zudem als Ausweis. Diese Wanderbücher erzählen Geschichten – sie sind das Poesiealbum einer Reise, die auch mal unromantisch werden kann. Im vorderen Teil liegt manchmal ein kreisrunder Ausschnitt einer Landkarte bei, auf dem der Bannkreis verzeichnet ist. Eingeklebt auf den ersten Seiten ist oft ein 5-Euro-Schein, gefaltet als letztes Hemd. Er erinnert daran, dass Reisende früher stets ein Handgeld bereithalten mussten, wenn sie an einer Stadtwache um Einlass baten. Dieses Kleingeld ist noch heute ein Notgroschen, mit mehr Talern in der Tasche gehen die Gesellen nicht los. Mehr als diese fünf Euro brauchen sie auch nicht, um zurückkehren. Die Walz soll reich machen, ja – nicht an Geld, sondern an Erfahrung.

Im Tausendsternehotel – Mit dem Rad durch die Fränkische Schweiz

Von Pfaffenhofen tippele ich weiter nach Ingolstadt. Hier mache ich einen Zwischenstopp, stromere durch die Stadt, in der ich zu Studienzeiten fünf Jahre lang gelebt habe. Nachmittags habe ich Zeit, in der Bücherei zwischen den Regalen zu verschwinden. In der Abteilung für »Schöne Literatur« fällt mir Hesses *Steppenwolf* in die Hände. Ein Zitat geht mir nicht aus dem Kopf: »Ich weiß nicht, wie das zugeht, aber ich, der heimatlose Steppenwolf und einsame Hasser der kleinbürgerlichen Welt, ich wohne immerzu in richtigen Bürgerhäusern, das ist eine alte Sentimentalität von mir … Und meine heimliche Sehnsucht nach so etwas wie Heimat führt mich hoffnungslos immer wieder auf diese alten dummen Wege.«

Ich muss lächeln, als ich diese Zeilen abends in mein Tagebuch notiere. Sie passen gerade perfekt. Ich sitze an einem antiken Schreibtisch, umringt von Silberbesteck, Edelholz und Kronleuchtern, im Dachstuhl eines unglaublichen Hauses. Ich bin heute eine Vagabundin in weichen Betten, zu Gast bei einem Mann, dem es an zählbaren Dingen nicht fehlt. Einem bourgeoisen Blogger, der mich zu sich eingeladen hatte. Als ich in sein Haus spazierte, kam ich aus dem Staunen nicht mehr heraus. Biedermeiermöbel, Kunstwerke. Ölschinken an Ölschinken, kaum ein freier Zentimeter an der Wand. Er ist Provenienzforscher, ich bin Provinzforscher. Nun grübele ich über Besitz und Reichtum nach. Darüber, wie viel Sicherheit und Bürgerlichkeit ich in meinem Leben brauche. Mein vertrautes Dilemma, mein Doppelleben, »diese alten dummen Wege«, wie Hesse sie nennt. Auch ich mag es bodenständig, ich schätze blitzeblanke Ceranfelder und Balkonbepflanzungen. Ich habe viele Jahre brav gewohnt, nicht gelebt. Ich bin keine geborene Abenteurerin. Ich muss mich zum Verwildern überreden. Habe lange lieber den Anker statt Anlauf genommen.

Da ist ein Pendel in mir, das stets ausschlägt. Ein maulschäumender Gaul, der mal in die eine, mal heftig in die andere Richtung tritt. Den ersten Sieg in Freiheit errang die Bodenständigkeit, nun galoppiert die Reiselust mit mir davon. Das Brave und das Wild proben Rodeo in mir. Ich denke an die Liedzeilen des deutschen Sängers Hannes Wittmer alias Spaceman Spiff:

> Ich weiß, dass ich immer die Wahl hab
> zwischen Kant und Peter Pan
> zwischen Altbau und Nimmerland
> zwischen Nüchternheit und Wahn.
> Und Kant sagt, du bleibst, wo du hingehörst
> Und Peter sagt, flieg wohin du willst.

Mir wäre es zu billig, über die Soliden zu spotten, wie es viele Rumtreiber tun. Ohne Spießer hätte jeder Abenteurer es schwer. Würde sich nicht stets ein Sesshafter finden, der dem Streuner ein Bett anbietet – wo sollte man unterkommen? Ich bin erst eine Woche unterwegs und habe doch schon jede Nacht bei anderen Menschen übernachtet. Da war das junge

Pärchen bei Pfaffenhofen, mit dem ich abends an der luxuriösen Kücheninsel kochte (nach Rezepten, die ihr Leben bedeuteten). Da war der Ingolstädter Kollege von früher, der mich im weißgetünchten Dachgebälk schlafen ließ (wo mich ausgestopfte Fasane und Eichhörnchen anstarrten). Und jetzt ist da der großzügige Großbürger, der bürgerliche Blogger (der mir das beste Pfifferlingsomelette meines Lebens brät). Ich liebe die Gastfreundschaft der Leute – und dass sie mir Einblick in ihre Leben gewähren. Sie haben alle so unterschiedliche Arten, glücklich zu sein. Erstaunlich.

Und ich frage mich, ob mir das alles überhaupt zusteht. Warum genügt es, ein harmloses Gesicht zu haben und die richtige Sprache zu sprechen, um bei Fremden schlafen zu dürfen? Die kennen mich doch gar nicht. Wie sagt man eigentlich Danke, wenn man nichts zu geben hat? Also zumindest keine Dinge, nur vielleicht Geschichten? Ich nehme mir vor, es meinen Gastgebern gleichzutun und mich in Großzügigkeit zu üben. Und in Serendipität. Vor Kurzem hat mir ein Freund dieses hübsche Wort erklärt. Es bedeutet – krude übersetzt – ungefähr soviel wie: Die Fähigkeit, Gnade anzunehmen. Oder auch: »Überraschend auf etwas Unbekanntes zu stoßen und die Zeit zu haben, diesem Unbekannten neugierig zu folgen«, wie es die Kollegin Meike Winnemuth beschreibt, die ich kindisch verehre und vor der man nur alle Hüte ziehen kann. Ein Beispiel: Jemand geht zum Bahnhof und will sich ein Ticket am Automaten kaufen. Er greift in den Schlitz und findet eine gültige Fahrkarte darin, noch bevor er bezahlt hat. Dann einfach sagen zu können: »Ui, wie schön, da fahre ich hin!« Das ist Serendipität. Geradezu über-zufällige Begebenheiten einfach als Geschenk betrachten. Und sich darüber freuen können. So will ich's machen. Ich mache einen Knicks vor der Welt.

Am Morgen die nächste Übung in Herzgymnastik: Zum Abschied gibt mir mein Gastgeber einfach ein Fahrrad mit. Weil er mag, was ich tue. Ein kleines Gefährt ohne Gangschaltung, historisch schön, nahezu unbenutzt. Mit dem großen roten Rucksack auf dem Rücken schwinge ich mich hinauf, wir radeln die ersten 50 Kilometer gemeinsam nordwärts durch das Altmühltal. Ich rufe dem Großzügigen noch ein albernes »Adé!« hinterher und er sagt: »Kommen Sie bald wieder vorbei, Frau Schober!«

Ich will weiter nach Norden und bis Mitte August Lübeck erreichen. Dort findet die Sommerbaustelle, ein jährliches Treffen der Wandergesellen, statt. Eine wichtige Marke an meinem Wegesrand. Doch auf dem Weg dahin will ich mehr über den Lokaljournalismus und dieses Land herausfinden. Mein nächstes Ziel ist Bayreuth, auch dort hatte mich eine Redaktion eingeladen. Ich winke den Menschen zu. Es sind warme Sommertage. Die Weizenfelder stehen gleißend im Sonnenlicht. Bayern wellt sich langsam. So rolle ich auf die Fränkische Schweiz zu.

Und dann macht es pffft … Ein Platten. Na toll. Ich hatte es bis Hilpoltstein schaffen wollen, wo es eine Gesellenkneipe geben soll. Doch jetzt muss ich schieben. Als ich mit dem Plattfuß nach Altmannstein komme, sehe ich mich nach einem Fahrradgeschäft um. Da kommt ein wandschrankgroßer Mann mit Glatze auf mich zu, der seine Arme wie Adlerschwingen öffnet. Er trägt einen schwarzen Anzug, tupft sich den Schweiß von der Stirn und breitet sein Lachen vor mir aus. »Sie sind doch die Journalistin auf der Walz, ich habe von Ihnen in der Zeitung gelesen, wie kann ich Ihnen helfen?«, fragt er. Ich bin baff. Binnen Sekunden erfasst mein Retter die Situation. Er bringt mich zum Fahrradgeschäft, wo er für mich einen Deal aushandelt: Für zehn Euro wird mir der Schlauch geflickt und ein neuer Reifenmantel aufgezogen. In der Zwischenzeit ruft mein Retter seine Frau an. Ich kann gar nicht so schnell gucken, da schnappt er sich mein repariertes Fahrrad, verstaut es in seinem Bus und sagt: »Meine Frau hat gekocht, darf ich dich einladen?« Kurz darauf sitze ich bei entzückenden Menschen in einem entzückenden Haus. Peter und seine Frau sind herzensgut. Er erzählt von seinem Beruf als Ruhestandsplaner, in dem er Leute berät, wie sie Geld für die Rente zurücklegen, und dass er selber noch lange keine Lust auf Ruhestand habe. Ich bekomme einen Teller Nudeln, einen Schokoladenkuchen und Rotkäppchensekt. Peters Frau sagt: »Warte, ich hab noch was für dich!« Sie schenkt mir ein Anti-Moskito-Armband, das mich vor Mückenstichen schützen soll, wenn ich mal draußen schlafen muss. Ich bin völlig aus dem Häuschen und frage: »Warum tut ihr das alles für mich, wir kennen uns doch gar nicht!?« Sie sind einfach begeistert von meiner Reise, sind neugierig auf Geschichten von unterwegs und wollen ein Teil davon sein. Ich lehne mich zurück. Ich bin dankbar für die Wege, die sich vor mir auftun. Es sind Wege, die auf keiner Landkarte eingezeichnet sind.

Die Autobahn A9 wird meine treue Begleiterin. In ihrer Nähe radele ich weiter nach Norden. Ein perfekter warmer Sommertag geht zu Ende. Grillen zirpen, Sonnenblumen leuchten mit ihrer Namensgeberin im letzten Licht um die Wette. Langsam wird es Zeit ein Nachtquartier zu finden. Von

Weitem sehe ich auf einer Anhöhe einen Baum stehen, darunter eine Bank. Es sieht so einladend aus, als wäre es inszeniert. Als ich näher komme, entdecke ich ein gelbes Schild. Es weist die Richtung zum nächsten Dorf, darauf steht »Nach Hausen«. Wie wunderschön. Hier geht's nach Hausen, und hier steht der perfekte Baum mit einer perfekten Bank darunter. Alles spricht dafür, dass ich hier meine erste Nacht ganz allein unter freiem Himmel verbringen werde.

Ich stelle das Rad ab und rolle meine Isomatte und meinen Schlafsack auf dem Holztisch aus. Prüfend schaue ich mich in der Gegend um. Was soll mir hier passieren? Die Autobahn ist drei, vier Kilometer entfernt, vom Radweg aus sieht man mich nicht sofort und aus dem Baum heraus wird mir schon kein Vogel auf den Kopf kacken. Ich suche nach einer Schlechtwetteroption und finde einige Schritte weiter den Hochsitz eines Jägers. Die Klappe zum Innenraum des Holzkabuffs ist offen. Falls ein Unwetter losbricht, kann ich hier Unterschlupf finden. Und so mache ich es mir gemütlich in meinem Lager unter der Himmelsdecke. In meinem Tausendsternehotel. Ich krabbele in meinen Schlafsack auf dem Holztisch. Immer mehr Feldhasen hoppeln auf der großen grünen Wiese vor mir herum. Ich studiere die zuckenden Nasenlöcher und die bebenden Flanken der graubraunen Tiere im Abendlicht. Fluchttiere, die werden schon aufpassen. Die Sonne geht unter und ich denke mir: Wenigstens bist du Hasenherz nicht allein.

Die erste Nacht draußen ist toll. Ein paar Mal wache ich auf und schaue mich um. Sehe Scheinwerfer in der Ferne, Sterne über mir. Dann schlafe ich wieder ein. Ungewohnt, kein schützendes Zelt über mir zu haben. Die Erdatmosphäre muss als Hülle genügen.

Die nächste Nacht draußen wird ein wenig ungemütlicher. Ich bin erschöpft. Den ganzen Tag bin ich geradelt. Nun wird es dämmrig im Wald und ich suche nach einem Nachtlager. Am Wegesrand taucht ein kleiner Waldspielplatz auf. Weicher Rindenmulch ist gut zum Liegen, denke ich mir. Kein Mensch in Sicht, der Waldspielplatz gehört mir. Neben einer buntbemalten Holzschnecke liege ich unter klarem Himmel und döse weg. Doch mitten in der Nacht wache ich auf von einem Gefühl, das ich noch aus Kindheitswintern kenne: Regentropfen, die einem ins Gesicht fallen, wie wenn man mit offenem Mund nach Schneeflocken hascht. Es fängt an zu schütten. Jetzt schnell den Krempel packen und Unterschlupf suchen. Ich habe all meine Sachen so verstaut, dass ich sie innerhalb von 30 Sekunden zusammenraffen kann. Das habe ich geübt. Ich huschte fluchend vom Spielplatz weg und verbringe den Rest der Nacht halb sitzend in einem verfallenen Trainerhäuschen an einem alten Fußballplatz. Mir fehlt wohl noch ein bisschen der richtige Blick dafür, wo ein Ort zum Bleiben ist.

Um sechs Uhr in der Früh ist mir die Feuchtigkeit in die Knochen gekrochen. Ich beschließe aufzubrechen. Heute will ich es endlich nach Bayreuth schaffen, das sind noch über 100 Kilometer. Doch wie so oft, wenn man zu ehrgeizige Ziele hat, verfährt man sich. Ich fahre im Kreis, fluche, schwitze und habe Durst. So treffe ich morgens um 7:30 Uhr Franz. Der steht vor dem Kofferraum seines Wagens und will zur Arbeit fahren.

Franz ist gelernter Schreiner und hat einen tollen Job: Er baut Theken. Wursttheken, Käsetheken, Cocktailtheken. Als ich ihn frage, ob ich meine Wasserflasche bei ihm auffüllen kann, schaut er mich kurz an – und drückt mir eine Flasche

Club Mate in die Hand. Meine Lieblingslimo! Sofort klar, dass wir uns mögen. Er fragt, wo ich hinwill. »Vielleicht nach Bayreuth«, sage ich. Er guckt skeptisch, lässt die Arbeit Arbeit sein und sagt: »Pass auf Mädchen, ich zeig dir was, komm' mit!« Und so passiert es schon wieder, dass ein fremder Mann auf der Straße mein Fahrrad ins Auto packt und mich an einen Ort fährt, den ich nicht kenne. Dieser Ort heißt Panama. Es ist ein Paradies, das Franz sich da gebaut hat. Vor langer Zeit bekam er einen alten Bauwagen geschenkt und begann ihn auszubauen. Daraus wuchs eine Art Erlebnisraum. Oben drauf auf dem alten Bauwagen ist heute ein Whirlpool, ein Grill, eine Rutsche und eine Seilbahn, und natürlich gibt es überall: Theken.

Ich bin beeindruckt von Franz' handwerklichen Fähigkeiten und erzähle ihm von der Wortwalz. Es stellt sich heraus, dass Franz, der gelernte Schreiner, einem Irrglauben aufgesessen ist. »Auf die Walz können ja leider nur Zimmermänner gehen …«, sagt er. Nein, nein, kläre ich ihn auf. Es gibt auch Schreiner, Schneiderinnen und Buchbinder, die auf Tippelei gehen. Die können zwar nicht in jeder Gesellenvereinigung reisen, aber es gibt durchaus verschiedene Gewerke auf der Straße. Franz macht große Augen. »Hätte ich das mal früher gewusst …«

Der Großteil der Gesellen reist noch heute in sogenannten Schächten. Das sind Gesellenvereinigungen. Oder besser: Die sieben Schächte, die es heute gibt, sind Nachfolger der mittelalterlichen Gesellenvereinigungen. Entstanden als Gegenpart zu den Zünften. Um das zu verstehen, muss man einen kleinen Ausflug in die Geschichte machen. Im ausgehenden 14. Jahrhundert regelten die Zünfte das Leben der Handwerker. Sie hatten sich gegründet, um Handwerksinteressen gegen die Obrigkeit zu vertreten. Nach ihrer Lehrzeit wurden Gesellen freigesprochen, verließen die Heimat, um dem ortsansässigen Meister keine Konkurrenz zu machen und zogen nun als sogenannte Fremdgeschriebene los. Wann ein Geselle Meister werden durfte, wie lange er zuvor auf Wanderschaft gewesen sein musste – das war alles festgeschrieben. Gesellenvereinigungen wurden zu einer Art Vorläufer der Gewerkschaften. Dann kam der Wandel: Mit der Industrialisierung schossen Fabriken aus dem Boden und viele kleine Werkstätten machten dicht. Der Zunftzwang wurde aufgelöst, das alte Handwerk war dem Untergang nahe. Um 1880 gab es nur noch einige Dutzend zünftiger Gesellen, die an die alte Tradition der Walz anknüpften. Bis sich 1891 in Magdeburg die *Rechtschaffenen Fremden* gründeten, mit ihren zwei Unterabteilungen der *Gesellschaft der rechtschaffenen fremden Maurer und Steinhauer* und den *Rechtschaffenen fremden Zimmerern und Schieferdeckern.* An diesen Namen sieht man schon: Die unterscheiden sich nach Gewerk. Und an diesen Namen sieht man auch: Die mögen es umständlich. Bei ihren Bezeichnungen nehmen Wandergesellen es genau. Wehe dem, der den Namen eines Schachts verkürzt oder falsch dahinsagt!

Maurer, Steinmetze, Schreiner – in den ersten Schächten wurden klassische Bauhandwerker erwandert, alle Männer. Der gehäkelte Schlips, die so genannte *Ehrbarkeit*, zeigt die Zugehörigkeit zum Schacht an. Doch längst gehen ganz unterschiedliche Handwerker auf die Reise, ob Klempnerinnen oder Konditoren. Ein Bäcker wird zwar niemals als *Fremder Freiheitsbruder*, als *Freier Vogtländer Deutschlands* oder als *Rolandsbruder* auf Wanderschaft gehen können, aber beim

Freien Begegnungsschacht oder als *Freireisender* könnte er losziehen.

Freireisend nennt sich jene Gruppe von Handwerkern, die heute auf die Wanderschaft geht, ohne sich einem Schacht anzuschließen. Sozusagen die Hippies unter den Gesellen. Da gibt es sogar eine reisende Landwirtin, die in dunkelgrüner Kluft von Bauernhof zu Bauernhof zieht, an einem Ort Schafe schert, am nächsten bei der Ernte hilft. Oder eine Buchbinderin in blauer Kluft, ein Seilmacher in Rot. Auch ein Fahrradrahmenbauer soll mal auf Tippelei gewesen sein. Frauen können seit den 1980er-Jahren bei Axt und Kelle oder beim Freien Begegnungsschacht reisen. Für manchen Traditionalisten ein Unding! Sagen wir so: Wenn die Walz ein Sportverein wäre, dann wären die Schachtgesellen wohl ganz klassisch die Fußballer und Basketballspieler. Die Freireisenden lupften Federbälle. Und wenn eine Journalistin daherkäme, die auch mitmachen will, dann schickte man sie wohl wieder nach Hause. Zum Murmelspielen.

Rituale, Erkennungszeichen und Spitznamen – vieles aus der Welt der Schächte bleibt geheim. Die Gesellschaften funktionieren noch heute als Club von Eingeweihten. Auch das hat historische Gründe. Als Journalistin mache ich deshalb an dieser Stelle einen Punkt. Was ich nicht überprüfen kann, erzähle ich nicht rum. Wer sich für die Geschichte der Walz interessiert, dem sei das Buch *Mit Gunst und Verlaub!* von Anne Bohnenkamp und Frank Möbius empfohlen, aus dem ich hier auch zitiere. Oder man möge einfach mal einen dieser wandelnden Vertreter einer mehrfach fast ausgestorbenen Spezies am Straßenrand fragen. Am Hut erkennt man sie sicher.

Bayreuth –
Eine Reise in die Provinz

Nach meinem Abstecher nach Panama radele ich weiter. Doch habe ich meine Rechnung ohne die Fränkische Schweiz gemacht. Zwar fahre ich wunderschön Kurve um Kurve das Pegnitztal entlang. Nur meinem Ziel komme ich nicht näher. Mit meinem schweren Rucksack auf dem Rücken schnaufe ich auf dem Eingangfahrrad die Hügel und Schotterpisten hoch. Schneidige Rennradler werfen mir mitleidige Blicke zu. In Gedanken rufe ich ihnen zu: »Das war ja so nicht geplant!« Jetzt muss ich die Zähne zusammenbeißen. Nach 100 Kilometern und zwei Nächten im Wald erreiche ich am Abend endlich Pegnitz. Und bin irritiert.

Ein Klingelschild, zwei Namen: *Nordbayrischer Kurier* und *Nordbayrische Nachrichten*. Die Titel der ehemaligen Konkurrenten auf dem lokalen Zeitungsmarkt in Pegnitz stehen hier friedlich nebeneinander. Als ich verschwitzt die Treppe hinaufgestiegen bin, stehe ich in einem Raum – mit zwei Redaktionen. Zuerst weiß ich gar nicht genau, wo ich gelandet bin. Eigentlich wollte ich es ja bis Bayreuth schaffen, das hat nicht geklappt. Hier sitzen nun die Journalisten von zwei Zeitungen und tauschen miteinander die Texte. Konkurrenten wurden zu Kollegen. Natürlich nicht ganz freiwillig. Hätten sich die Redaktionen nicht zusammengeschlossen, wären sie wohl beide dem Sparzwang zum Opfer gefallen, erzählt man mir später.

Ich spreche um Arbeit vor. Und darf bleiben. Ein Redakteur nimmt mich bei sich auf. Das Wortwalz-Prinzip klappt, auch wenn ich hier keine wilden Begeisterungsstürme auslöse. Am nächsten Tag soll ich für beide Lokalausgaben den Aufmacher über meine Wortwalz schreiben. Die Texte sind identisch, nur werden sie von unterschiedlichen Redakteuren redigiert. Von einem Ende des Raums ruft ein Kollege herüber: »Der Text mit den Störchen war doch bei euch auch schon drin, oder?« Diese Art des Austausches hat man sich hier so angewöhnt. Lachend erzählt mir eine Journalistin: Einmal hätten sie sich in Redaktion A einen fiktiven Todesfall ausgedacht, über den sie den ganzen Tag getuschelt und am Telefon geredet hätten. Erst als der Kollege am Nachbartisch von Redaktion B vor Neugier beinahe platzte und fragte: »Was habt ihr denn da für eine Leiche!?«, fingen alle an zu prusten. Bloß ein Scherz.

Mich zieht es von Pegnitz weiter nach Bayreuth. Dort steht das Haupthaus des *Nordbayerischen Kuriers*. Ich darf mich für eine Woche beim Gerichtsreporter Manfred einquartieren. Der hat in seinem Keller noch eine Dunkelkammer und so entwickeln wir abends zusammen analoge Fotos, die er mit seiner Rolleiflex gemacht hat. Journalistisches Handwerk eben. Manfred erzählt auf der Terrasse von seinen bewegten Jahren als Reporter bei Gericht. Die Alltäglichkeit des Grauens und die Fähigkeit, daraus einen Text zu machen. Journalistisches Handwerk, auch das. Ich fühle mich darin bestärkt, dass man vieles in unserem Beruf eben nicht im Lehrbuch lesen, sondern nur durch Ausprobieren lernen kann. Cool finde ich, dass Manfred, der »alte Hase« des Lokaljournalismus, am Freitagabend mit den jungen Redakteuren der Zeitung und mir eine Kneipentour durch die schlimmsten Kaschemmen der Stadt macht. Mit 70 Brauereien ist die Fränkische Schweiz die Region mit der höchsten Brauereidichte der Welt. Das Bier ist hier der Kitt der Gesellschaft.

In der Redaktion warten einige journalistische Leckerbissen auf mich. Ich darf über lauter schöne Themen berichten. Zum Beispiel über das Dschungelparadies in Neuenmarkt, das früher mal eine Attraktion in der Bayreuther Region war. Nun ist der Laden pleite. Die Betreiberin musste erst kürzlich alle ihre Schmetterlinge sterben lassen, weil sie die Heizkosten für ihr marodes Tropenhaus nicht mehr zahlen konnte. Absurd genug. Kurz vor der Insolvenz – als letzte Aktion – entschied sie sich, nun ausgerechnet einen Insektenkoch einzuladen. Der brachte seine schockgefrosteten Heuschrecken und Schwarzkäferlarven mit, um sie vor Zuschauern zu frittierten. Ein gefundenes Fressen für eine Lokalreporterin, die skurrile Termine liebt.

Eine weitere Geschichte führt mich in Manfreds Nachbarschaft. Die Familie des Gerichtsreporters lebt mitten auf dem Land. Vor den Fenstern Kühe, Wiesen, Felder. Hier nennen die Menschen ihr Bier Seidla und einmal im Jahr buddeln sie zur sogenannten Kerwa einen Minisarg aus, in dem eine Flasche Schnaps verborgen ist, und betrinken sich hemmungslos. Das erinnert mich an meine Losgeherei, darüber will ich mehr wissen. Manfred erzählt mir, dass es im Ort noch eine letzte Kneipe gibt, die bald zumacht. Über die solle ich mal eine Geschichte schreiben, findet er. Also mache ich mich an einem lauen Samstagnachmittag auf zum Goldnen Pfau. Eine Raucherkneipe, über die man in der Zeitung aber nicht schreiben darf, dass sie eine Raucherkneipe ist. So ist das hier. Die Pall

Malls bleiben zwischen den Zeilen stecken. Ich stelle mich in den blauen Dunst an den Tresen zu Kultwirtin Edith, darf meine Finger über ein Stück Lokalpatina wandern lassen und schreibe diesen Text für den *Nordbayrischen Kurier*:

Eckersdorf

AUF GEHT'S EINMAL NOCH MIT EDITH

Die letzte Donndorfer Kerwa mit Kultwirtin Edith Knauer steht an. In der Dorfkneipe Goldner Pfau stellt man sich auf den Abschied von einer Frau ein, die ihren Gästen sogar Tiernamen geben durfte. Eine Liebeserklärung.

Edith schickt die Mäuse heim. Denn bald ist es soweit. Die letzte Kerwa steht an, das letzte Mal mit Edith als Wirtin im Goldnen Pfau. Und die Mäuse, das waren schon immer alle ihre Gäste. So nennt sie jene, die sie zur Not auch heimfährt, wenn die Striche auf dem Bierdeckel mal wieder überhandgenommen haben. Der Stammgast am Tresen ist ein Mäusel. Das Rentnerehepaar, das heute mit Rauhaardackel in der Ecke sitzt, sind Mäuse. Und auch der bullige Jim ist einer von den Mäusen. Jeder hier lässt zu, dass er so genannt wird. Aber nur von Edith Knauer. Jener Wirtin, die allen fehlen wird.

Im Goldnen Pfau in der Bamberger Straße 18, in der letzten Dorfkneipe in Donndorf, gibt es nichts, das nicht eine Geschichte erzählen würde. Der Ventilator rotiert über den Köpfen. Die Dachbalken, die noch handbehauen sind, zeigen die Splitter der Jahrzehnte. Und das seltsame Büffel-Gemälde an der Hinterwand, mit dem einst ein Maler seine Bierschuld be-

glich, hängt auch noch immer da. Egal wie oft Edith über die Theke wischt, die Patina der ungezählten Seidla, die hier vergossen wurden, wird bleiben.

»18 Jahre lang hat sie uns gut durchgebracht«, sagt der Stammgast, »wir wissen nicht, wie es weitergeht ohne sie.« Er greift zur Pall Mall. »Seidla, noch eins!«, ruft der Stammgast und Edith lacht ihn über den Tresen hinweg herzlich aus. Normalerweise, gibt der Stammgast kleinlaut zu, bestellt er hier stets »ein freundliches Bier«. Und bekommt es dann auch.

Ediths Goldener Pfau, das ist der Treffpunkt des Ortes. Hier wird geratscht, getauscht, gefeilscht. Bauherren suchen nach Handwerkern, Jobsuchende nach Arbeit. »Hier habe ich sogar meinen Hundesitter für die Sommerferien gefunden«, sagt die Rentnerin mit dem Rauhaardackel.

Auftritt Jim. »Heeey, Baby!«, gröhlt der wandschrankgleiche Mann, der zur Tür reinkommt. Er sinkt nieder, bestellt sein Seidla. Im Nachbarzimmer ertönt ein Akkordeon. Einer, der heute Geburtstag hat, kommt rüber und streicht Jim über den Glatzkopf. »Der Jim ist zwar ein Lauter, aber ein ganz Lieber«, sagt der Stammgast später. Die Edith sei halt kontinuierlich, sagt der Stammgast. Die hängt kein Schild an die Tür: »Bin kurz weg«. Ab morgens um neun Uhr ist hier offen, manchmal bis spät in der Nacht. Man wird jetzt lakonisch. »Die Einfachheit der Leute, das ist es, was ausstirbt«, sagt der Stammgast und starrt in sein Glas. »Weil die Menschen nicht mehr zueinander finden, weißt du, wie ich meine?«

Die Edith ist das Lagerfeuer, um das sich alle in Donndorf versammeln. Der eine kommt nach dem Schichtende in der Kunststofffabrik hierher, der andere direkt von der Baustelle. Die Rentnerin mit Dackel sagt: »Hier treffen sich alle, vom Arbeitslosen bis zum Architekten.« Das war schon immer so. Nur jetzt soll sich das ändern. Edith macht's nicht mehr lange. Zum Jahresende will sie aufhören. All die Jahre stand sie allein hinterm Tresen, ohne Mann, ohne Mitarbeiter. Nun ist sie den Kleinkrieg mit den Nachbarn leid. Zuletzt kamen immer mehr Auflagen, Briefe von der Gemeinde. Die Nachbarn hatten sich beschwert. Es soll Ediths letzte Kerwa sein. Zum Jahresende ist Schluss. Jim poltert: »Wir haben einen Edeka, wir haben einen Rewe, aber wir haben bald keine Dorfkneipe mehr.«

Am Donnerstag werden sie zur Kerwa den kleinen Sarg ausbuddeln mit der Flasche Jack Daniel's darin. Tatsächlich ist nur noch Tee drin, seit mal einer am Vorabend die Flasche heimlich leergesoffen hat. Der Stammgast nimmt sich Urlaub für diesen Anlass. »Einen Tag im Jahr kriegt die Edith geschenkt von mir. Da nehme ich mir frei und stelle mich draußen an die Schänke.« Wer weiß schon, ob es noch einmal so schön wird. Wenn der nächste Pächter kommt, geht es hier den Bach runter, befürchten alle. »Wir brauchen einen Wirt, der wirklich für uns da ist«, sagt der Stammgast. Pall Mall und Seidla für ihn jetzt, bitte.

Ein Mädchen mit Paillettentop kommt gackernd zur Tür herein. Nach sieben Uhr übernehmen hier die Jugendlichen, die gerade noch eine Kippe auf dem Spielplatz rauchten. Inzwischen sei der Pfau ja auch ein richtiger Jugendtreff geworden, meint der Stammgast. »Wirtshaus ist so negativ behaftet«, sagt der Rentner mit Rauhaardackel zu seiner Frau, »Begegnungsstätte ist das bessere Wort.«

Das Organisationskomitee der Kerwa hat sich zum Abschied dieses Jahr Mühe gemacht. In weißen Lettern aus Styropor haben sie jetzt einen Schriftzug an den Dachgiebel gehängt: »Auf geht's, ein Mal noch mit Edith!« Und dann wird es noch kurz rührselig beim Trinken. Die Gäste tragen ein Lied vor, das sie auf ihre Wirtin gedichtet haben: »Ich sitz hier jeden Tag im Goldnen Pfau, denn da gibt's die schönste Frau. Und diese Frau heißt Edith.« Oder so ähnlich.

Während all der Zeit tut Edith, heute in weinrot glänzender Schlaghose, das, was sie immer schon getan hat: Bewirtet liebevoll und lächelt bescheiden. Die letzte Frage muss an die Frau gehen, der all die Liebe zufließt wie das Seidla die Kehlen hinunter. Edith, was wirst du tun nach dem Abschied, gibt es etwas zu bereuen? »Ach Mäusle«, sagt Edith, »Ich hab meinen Garten und bin froh, wenn ich hier auch einfach mal ein Bier trinken kann.«

Und der Stammgast, der schon als 13-Jähriger zum Flippern herkam, der damals drei Mal die Woche mit seinem Großvater hier saß, der holt noch ein Mal Luft. Er beschließt den Abend mit einem Satz, den man lange nicht, vielleicht nie, aus einer Männerkehle gehört hat: »Wir sind alle Mäuse.«

Welche Freude, dass ich als Fremde eine solche Kneipengeschichte in der Lokalzeitung veröffentlichen darf. Nachdem der Text gedruckt ist, reise ich weiter. Ich verabschiede mich von Manfred und seiner Familie. Mittags verlasse ich die Redaktion, das Verlagshaus liegt ganz in der Nähe des Autobahnzubringers. Einer der Kollegen des *Nordbayrischen Kuriers* will noch ein Foto von mir machen beim Trampen. Mir ist das unglaublich peinlich. Ich stehe am Straßenrand, halte Daumen und Schildchen raus und hoffe, dass mich keiner sieht. Dabei scheine ich das Glück auf meiner Seite zu haben. Denn dadurch, dass ich erstmal eine Weile mit dem Fotografen am Straßenrand herumgekaspert habe, erwische ich heute meinen »perfekten Lift«, wie man den Gastgeber einer Mitfahrgelegenheit nennt.

Mein perfekter Lift heißt Hermann.

Ich stehe an der Straße und hoffe, von Bayreuth in Richtung Norden zu kommen. Hamburg wäre super, dort wohnt ein Kumpel von mir auf der Elbinsel Veddel. Aber mir ist im Grunde jeder Wagen recht, der nicht in die falsche Richtung fährt. Als der Redaktionsfotograf gerade abgedreht ist, atme ich durch. Es ist ein bisschen verrückt, in welchem Tempo ich mich neuen Situationen und Gesprächspartnern ausgesetzt sehe, seit ich auf dieser Reise bin. Ich komme kaum zur Ruhe.

Und so stelle ich mich darauf ein, an dieser Landstraße ein bisschen länger zu warten und Zeit zum Nachdenken zu haben. Es sieht wahrlich nicht so aus, als käme hier bald jemand vorbei, der gern Tramper mitnimmt … Das denke ich und strecke langsam den Daumen raus. Genau in diesem Moment kommt ein Auto um die Ecke und hält an. Ein junger Mann mit Wuschelfrisur kurbelt das Fenster herunter und fragt: »Wo soll's denn hingehen?« Und ich sage: »Och, naja, da, wo du hinwillst.« Er lacht. Ich schaue in den Wagen.

Hermann fährt barfuß Auto, und als ich die Beifahrertür öffne, stellt er sich als Umweltforscher vor. »Meine Freundin hat mir eigentlich verboten, ständig Tramper mitzunehmen«, erzählt Hermann grinsend. »Aber mir ist das wichtig, deshalb haben wir uns darauf geeinigt, dass ich bloß im Dunkeln niemanden mehr mitnehme. Tagsüber geht schon.« Wir müssen beide lachen. Ich sehe mich in Hermanns Wagen um und entdecke auf der Rückbank eine E-Gitarre und ein Tragekörbchen. Darin sitzen drei Plüschteddybären. Hermann sieht meinen Blick: »Ach, die Teddybären … an denen darfst du dich nicht stören, die reisen immer mit mir. Meine Freundin und ich, wir haben denen allen Namen gegeben und verschiedene Charaktere zugewiesen. Ist so ein kleiner Tick von uns.« Aha. Ich lasse ich mich mit einem Kichern in den Sitz sinken und weiß, ich bin in guten Händen. Ich liebe Menschen, die sich Verrücktheiten erlauben und bei diesem sympathischen Typen hier bin ich ganz sicher nicht in Gefahr.

»Und wohin fährst du nun eigentlich?«, frage ich Hermann, als er gerade auf der Autobahnauffahrt beschleunigt. Hermann schaut kurz rüber und sagt: »Nach Hamburg, auf die Veddel.«

3

Heute hier,
morgen dort

Die Sommerbaustelle – Jetzt ist alles anders

Raus aus der Komfortzone, das war das Thema der Geschichte über die Wandergesellin Sarah, die ich damals schrieb. Und raus aus der Komfortzone bewege auch ich mich jetzt. Das spüre ich ganz deutlich, als ich die letzten Schritte auf dem Gehweg gehe und von Weitem die ersten schwarzen Hüte sehe. Die Sommerbaustelle, ich habe sie gefunden! Mein Hasenherz schlägt mir bis zum Hals. Mit meinem Rucksack stolpere ich auf das Gelände. Ich war zuvor von Hamburg nach Lübeck gereist und stundenlang zu Fuß Richtung Kücknitz gelaufen, am Wasser entlang. Mit zunehmend flauem Magen.

Die Sommerbaustelle ist ein jährliches Treffen für Wandergesellen, organisiert von *Freireisenden*, aber prinzipiell offen für alle Reisenden. Es findet immer an einem anderen Ort statt. Diesmal unterstützen die rund 70 Freireisenden – gemeinsam mit anderen Schachtgesellen – den »Geschichtserlebnisraum Roter Hahn«, ein sozialpädagogisches Projekt und eine Art mittelalterlicher Abenteuerspielplatz. Innerhalb von einem Monat wollten die Wandergesellen ein historisches Haus aufbauen, einen Lastenkran herstellen und Möbel nach alter Handwerkstradition schreinern. All das machen sie ehrenamtlich, um sich bei der Bevölkerung für die Unterstützung zu bedanken, die ihnen oft gewährt wird. Ein Knicks vor den vielen Mitfahrgelegenheiten, Schlafplätzen und ausgeschenkten Bieren. Eine Geste der Dankbarkeit.

Die Bäckergesellin Sarah hatte mir damals von diesem Treffen bei Lübeck erzählt: »Wenn du etwas von der Walz verstehen willst, dann reise dorthin. Natürlich ohne Kluft, und lerne erst mal ein paar Wandergesellen kennen. Blogge nicht und nenne das Ganze nicht Wortwalz!« Das war ihr Ratschlag. Gold wert. Und was machte ich? Das Gegenteil. Schon als ich Richtung Norden trampte, war mein Blog unter Wandergesellen ein Streitthema. Und nun komme ich auf diese Baustelle und sehe mich einem Haufen Menschen mit schwarzen Hüten und scharfen Werkzeugen in der Hand gegenüber.

Sarah hatte mir geraten, ich solle mich nicht von der Kluft abschrecken lassen. »Sag den Gesellen, dass du auf meine Empfehlung dorthin gekommen bist. Dass du das, was die Gesellen machen, großartig findest und dass du gerne mitmachen möchtest, wenn du darfst. Gegen Kost und Logis versteht sich!«

Also atme ich tief durch, gehe auf die Wandergesellen zu und stelle mich vor. Und – Überraschung – alle sind nett. In meiner Hibbeligkeit hatte ich mir ausgemalt, wie sie mich sofort verhackstücken würden. Doch Unsinn. Es ist wie immer: Laut meckern tun immer nur ein paar, der schweigende Rest hat gar kein Problem. Hier säbelt mir keiner den Kopf ab. Ich werde willkommen geheißen. Ich frage mich durch zur sogenannten Voko, der Vorbereitungskommission der Sommerbaustelle. Die haben mich schon erwartet.

Ehe ich mich versehe, sitze ich einem vierköpfigen Komitee gegenüber. Ein bisschen wie bei einem Verhör, nur freundlicher. Einer sagt: »So, Jessica, du willst jetzt also hier auf die

Sommerbaustelle kommen. Dann erklär uns doch mal, warum und was es mit deinem Blog auf sich hat.« Ich schildere mein Anliegen. Meine Begeisterung für die Walz. Meine Faszination für das Reisen. Nervös reibe ich mit meinen Wollsocken auf dem Linoleumfußboden herum, als die Gesellen sagen: »Okay. Es gibt ein paar Punkte, die haben hier echt für Ärger gesorgt. Manche dachten zum Beispiel, du würdest in Kluft reisen. Da gibt es ein Bild auf deinem Blog, das musst du ändern. Außerdem fragen wir uns, warum du vorher im Internet Geld gesammelt hast, wenn du das Reisen wirklich kennenlernen willst?« Puh, nächste Runde, weiterkämpfen. Aufgeben gilt nicht. Also entgegne ich, dass mir das hier wirklich wichtig ist. Wir machen einen Deal: Ich schneide den Teil aus dem Video auf meiner Internetseite raus, in dem ich um Geld bitte. Und ich verspreche den geschützten Raum dieser Baustelle zu respektieren. Wandergesellen lassen sich ungern unterwandern. Ich werde von diesem Ort nicht in der Lokalzeitung berichten. Danach ist klar: Ich darf bleiben.

In einem alten Ziegenstall schlage ich mein Lager auf, rolle meinen Schlafsack auf einem Schaffell aus. Ich bin verwirrt, müde und abgekämpft. Aber es hilft alles nichts. Ich mache die Runde und stelle mich bei allen vor. Persönlich, mit Handschlag, wie es sich gehört. So gehe ich über die Baustelle und sammele die »Achs«. Die Reisenden geben mir die Hand, fester Druck, ich sage: »Ich bin Jessica.« Pause. »Die Journalistin.« »Ach, du bist das!« So geht es eine ganze Weile. Ich werde gemustert, von einigen geschnitten. Und dann arbeite ich mit. Mit Baustellenwerkzeug, Schaufel, Beil und Besen. Stift und Zettel, Kamera und Aufnahmegerät muss ich stecken lassen. Eine schwere Übung für mich. Aber ich denke auch: »Wer weiß, hätte ich nicht all diese Fehler gemacht, wäre ich vielleicht nicht hier.«

Jeden Morgen um 7 Uhr werde ich nun von den Klängen einer Concertina geweckt. Eine Wandergesellin geht zu den Zelten, Jurten und Ställen, in denen wir schlafen, und entlockt dem kleinen sechseckigen Akkordeon zauberhafte Melodien. Allemal besser zum Aufwachen als ein Handyklingelton. Wenn ich die Augen aufschlage, weiß ich jeden Morgen aufs Neue nicht, wo ich bin. Neben mir zieht ein Wandergeselle seine Stiefel an. Es kommt mir vor wie ein Traum. Bevor die Arbeit beginnt, versammeln wir uns alle in einem großen Kreis zu einer Besprechung.

Die Sommerbaustelle ist ein archaischer Ort. Alles hier wirkt wie aus der Zeit gefallen. Seltsam reell, handfest, altertümlich fast. Tau über den Wiesen, Staub in den Werkstätten. Doch es sind keine Kulissen, die die Handwerker aufbauen, es fallen echte Holzspäne. Es sind keine Kostüme, die die Wandergesellen tragen, es ist tatsächlich ihre Arbeits- und Alltagskleidung. Die schwarzen Ränder unter den Fingernägeln, das Sägemehl in den Cordhosen, all das ist echt. Den ganzen Tag wird gehämmert, gesägt, abends köstlich gekocht und zünftig gefeiert. Geschichtenerzähler am Lagerfeuer, Liedersänger auf der Pferdekoppel. Ach ... Ich hatte mir vorgenommen, die Walz nicht zu romantisieren, aber das Leben auf dieser Baustelle ist so schön, dass es schwer fällt, das nicht zu tun.

Ich staune über diese Mischung aus Ferienlager und Festival. Es ist eine Baustelle und ein Abenteuerspielplatz zugleich. Eine mir völlig fremde Welt. Das letzte Mal, dass ich wirklich mit meinen Händen gearbeitet habe, war wohl als Studentenjobberin bei Audi. Sechs Wochen lang Nachtschicht am Fließband, Cabriotüren auf ein Fließband wuchten. Schrecklich und lehrreich zugleich. Niemals wieder habe ich mich so nach einer Soziologievorlesung gesehnt wie in diesen dunklen Nächten. Das war damals schwere körperliche Arbeit in der Industrie, aber es hatte nichts mit Handwerk zu tun, nichts mit der detailverliebten Hingabe an das Material, die ich hier beobachten kann.

Ich schaue einem freireisenden Schmied bei der Arbeit zu und darf es dann auch mal probieren. Ich erhitze die Glut, trete mit dem Fuß das Schwungrad an, das den Schmiedeofen mit Luft versorgt und ihn wild fauchen lässt. Ich tauche glühenden Stahl in Fett. Hämmere, überhitze, haue kaputt. Der Schmied lacht mich herzlich aus. Ich beobachte einen Tischler, wie er einen nassen Schleifstein über die Klinge seines Messers reibt. Ich hefte meine Augen an einen Holzbildhauer, der ein Gesicht aus einem Balken schält, der auf dem Dachfirst thronen soll. Ich staune und staune und staune. Als Ungelernte bin ich hier ganz unten in der Hackordnung. Überall auf dem Baustellengelände biete ich meine Hilfsdienste an, aber schnell wird klar: Ich kann hier nicht mithalten. Wirklich nützlich bin ich kaum. Erstmals verstehe ich, warum der Gesellenbrief ein so besonderes Zeugnis ist. Er belegt, dass sich der Lehrling über drei Jahre hinweg ein Handwerk angeeignet hat. Mühevoll. Indem er stundenlang dem Meister zuschaute und den Rest der Zeit die Ochsentour machte. Mit so etwas habe ich keine Erfahrung. Zwar halte ich mich prinzipiell für praktisch veranlagt. Ich verfuge mein Waschbecken selber, schließe meine Lampen alleine an und ich stand auch schon mal an einer Drechselbank. Aber Handwerk? Das scheint mir plötzlich noch mal etwas ganz anderes zu sein als der Journalismus. Also beschränke ich mich auf Sachen, die ich kann. Damit ich nicht doof im Weg herumstehe, fege ich, räume rum, schäle Kartoffeln und putze das Klo.

Das tut meinem zuweilen aufgeplusterten Akademiker-Ego gut. Die Realität tut ihr Übriges dazu: Beim Hämmern ziehe ich mir einen Splitter in den Daumen, tief und schmerzhaft. Innerlich jaule ich auf und ärgere mich doppelt: Ich darf jetzt ja nicht mal jammern! Sonst macht sich hier noch einer lustig über die tollpatschige Tippse, die zurück an ihre Tastatur will. Der Daumen entzündet sich, tagelang pule ich in der Wunde herum. Aber das Pochen und Puckern im Finger erinnert mich an eine simple Tatsache: Dass ich am Leben bin. Wie lächerlich, dass mich schon ein kleiner Splitter im Finger so mitnimmt. Ich habe mir nie Gedanken darüber gemacht, wie gefährlich Arbeit sein kann. Wie es wäre, wenn ich mich bei meiner Arbeit tatsächlich verletzen könnte wie ein Schreiner an der Werkbank.

In diesen Tagen schleiche ich mit meinem Besen in der Hand immer wieder um einen Teil der Baustelle, der mir besonders interessant erscheint. Dort arbeitet Martin, ein freireisender Tischler, an einem riesigen Baumstamm, aus dem er die Mittelachse eines Laufkrans drechseln will. Das Ding soll sich wie ein Hamsterrad für Menschen drehen, um schwere Lasten zu heben. Das scheint handwerklich irre schwierig zu sein. Sagen zumindest alle. Immer wieder kommen Gesellen an Martins Baustelle vorbei und rufen anerkennend: »Wahnsinn, was du da machst!« Es dauert Tage, bis die Achse Form annimmt. Martin arbeitet unendlich fleißig. Der große, muskulöse Mann mit den feinen Gesichtszügen widmet sich dem Stück Holz mit einer Zugewandtheit, die mich rührt. So viel Hingabe, so viel Konzentriertheit.

Ich habe Martin aus den Augenwinkeln dabei beobachtet, wie er seinen nicht ganz ungefährlichen Arbeitsplatz mit Absperrband umzäunt. Scheint ein besonderer Typ zu sein. Er ist der Erste, der hier morgens um 7.30 Uhr mit der Arbeit beginnt, er macht die kürzeste Mittagspause, den spätesten Feierabend. Er liebt, was er tut. Martin, der schöne Tischler, geht aufrecht, ist freundlich zu allen, er grüßt höflich. Er raucht nicht. Er hat noch nie Alkohol getrunken. Es ist kaum zu glauben. Als wir abends nebeneinander am Lagerfeuer sitzen, frage ich ihn, warum er das als Einziger macht, die Sache mit dem Absperrband. »Sicherheit, alles zur Sicherheit«, sagt Martin. Er zeigt mir seine Hände. Neun Finger nur noch. Ein Arbeitsunfall. Dabei war er immer so konzentriert. »Du darfst in diesem Beruf keine Sekunde unachtsam sein. Egal, wie vorsichtig du bist, es kann immer etwas passieren. Es ging alles ganz schnell.« Wir schauen stumm ins Feuer, die Funken fliehen in den Nachthimmel.

Später nimmt mich ein Wandergeselle beiseite und fragt: »Sag mal, Journalistin Jessica, ist dir eigentlich klar, was für ein Privileg das ist, dass du hier sein darfst?« Ich nicke stumm. Schaue mich um. 30, 40 Wandergesellen sitzen mit mir um das Lagerfeuer herum. Gerade haben wir im selbst gebauten Zuber gebadet. Sie singen ihre Lieder mit mir, sie teilen ihr Essen mit mir. Ich bin der einzige Kuhkopp. Vielleicht ein Privileg, aber auch ein Päckchen zu tragen. Es kann wahnsinnig einsam machen, der einzige Mensch ohne Kluft zu sein. Eine sehr seltsame Situation. Ich verstehe jetzt besser: Was die hier machen, ist noch mal eine ganz andere Nummer. Diese Frauen und Männer sind tatsächlich auf der Straße, sie sind für mindestens drei Jahre und einen Tag unterwegs – und genau das macht auch den großen Unterschied. Ich bin eine kleine Walzpraktikantin, ein Grünschnabel mit großer Klappe, weil ich vorher im Internet (ausgerechnet!) herumgetönt habe, Journalismus sei doch auch ein Handwerk. Ich verstehe langsam.

Aber gleichzeitig, bei aller Demut, denke ich: »Okay, aber dann beurteilt mich bitte auch fair!« Am Lagerfeuer höre ich mich selbst am dritten Abend diskutieren, bald munter streiten. Ich sage Sätze wie: »So wie ihr Wandergesellen nicht ständig von Außenstehenden auf eure Kluft reduziert werden wollt, so wie ihr euch danach sehnt, als Mensch gesehen zu werden, so geht es mir doch hier auch. Ich bin es leid, dass immer alle mit den Augen rollen, wenn sie hören, dass ich Journalistin bin. Dies ist mein Beruf. Und meine Berufung. Ich liebe meine Arbeit. Ich will mich nicht dafür verstecken. Fragenstellen und Schreiben, das ist es, was mich ausmacht.« Wenn ich für das, was ich mit Leidenschaft tue, geradestehe, dann bekomme ich dafür auch Respekt. Es dauert nur seine Zeit. Es bekümmert mich zunehmend, zu sehen, welch schlechten Ruf der Journalismus hat. Das Vertrauen scheint verspielt. Wenn ich es zurückgewinnen will, muss ich geduldig sein. Auf eine Sommerbaustelle sollte man jedenfalls – gerade als Journalistin – nie zureisen, wenn man es eilig hat.

Zu einem Aha-Moment kommt es, als sich der Kücknitzer Bürgermeister als Gast auf der Sommerbaustelle ankündigt. Die Wandergesellen putzen die Baustelle heraus, richten sich für die Presse her. Denn im Gefolge des Bürgermeisters werden auch Lokaljournalisten von den *Kieler Nachrichten* sein. Die hatten mich vorher schon zu sich eingeladen. Doch ich war nicht hingegangen, ich erinnerte mich an die Abmachung: »Ich bin als Mensch hier, nicht als Reporterin«, hatte ich den Gesellen versprochen. Dies ist eine teilnehmende Beobachtung. Ich habe auf der Sommerbaustelle kein einziges Foto gemacht, auch wenn es mich als chronische Chronistin oft in den Fingern gejuckt hat. Als die Kieler Lokaljournalisten und das Stadtoberhaupt schließlich anrücken, merke ich, wie wichtig meine Zurückhaltung war. Bei denen muss jetzt alles ganz schnell gehen. Hände schütteln, Foto knipsen, drei Fragen, fertig. Ich halte mich im Hintergrund und beobachte das seltsame Spiel. Mit wie viel Geduld die Wandergesellen die immergleichen Fragen beantworten (»Ja, wirklich drei Jahre und ein Tag!«, »Ja, auch Frauen gehen auf Wanderschaft!«, »Nein, ich bin Bäcker, kein Zimmermann, die tragen Schwarz …«). Es ist zum Verrücktwerden. Merit, eine freireisende Steinmetzin, die gerade noch einem Seilemacher geholfen hatte wird von einer Fotografin belagert (Klar, eine Frau in Kluft, wow! Fotomotiv!). Eben noch hat die rotbackige Merit Sisalfasern abgeflammt, die der Seilemacher auf einer meterlangen sogenannten Reeperbahn zu einem Seil verdreht hatte. Die Fotografin wittert ein Fotomotiv und sagt: »Uh, du da, kannst du den Flammenwerfer noch mal so halten und Feuer machen?« Merit sagt: »Aber ich bin doch Steinmetzin, ich arbeite sonst gar nicht mit Feuer.« Die Fotografin flötet: »Egal, egal, das sieht auf dem Foto toll aus.« Schulterzucken.

Auf einmal schäme ich mich ein bisschen für meine eigene Zunft, die schreibend und knipsend über fremde Welten herfällt. Immer auf der Jagd nach der nächsten Story, dem nächsten Foto. Ich bin genauso, wenn ich auf Terminen bin. Und ich weiß ja auch unter welchen Produktionsbedingungen Lokaljournalisten arbeiten. Wie wenig Zeit sie für einen Text haben, wie wenig Geld sie dafür manchmal bekommen. Kein Wunder, dass sie nach einer halben Stunde einen Text über Wandergesellen in den Computer kloppen, an dem manches schief, einiges falsch ist. Zum Verstehen ist die Zeit zu knapp.

Und so kommt es, dass ich mein Handwerk auf der Baustelle doch noch einbringen kann. Als der Bürgermeister abrückt, machen die Wandergesellen mit den Lokaljournalisten der *Kieler Nachrichten* aus, dass sie den Text vorm Druck gegenlesen dürfen. Um Fehler zu vermeiden. Das machen sie oft so. Viele Gesellen haben mit Journalisten schlechte Erfahrungen gemacht. Manche Reporter haben verbrannte Erde hinterlassen, Details verdreht. Es ist ja auch schwer genug, in der rätselhaften Welt der Reisenden nicht in Fettnäpfchen zu treten. Inzwischen kenne ich mich da ein bisschen besser aus. Deshalb bittet mich einer der Wandergesellen, die Lokalpressetexte umzuschreiben. Also hocke ich mich hinter den einzigen Computer auf dem Areal und tippe los. Jetzt kann ich endlich feilen, schmirgeln und schleifen – so wie ich es gelernt habe. Ich redigiere die Artikel der Kieler Lokaljournalisten, glätte Unebenheiten, korrigiere Fehlerchen. Heimlich. Ich könnte kichern. Die Wandergesellen finden das super und schicken die überarbeiteten Texte in die Redaktion. Sie werden genau so gedruckt. Wir witzeln, dass ich jetzt das zentrale Büro zur Walztextprüfung einrichten könne. Ein Scherz. Wandergesellen sind immer und überall Botschafter in eigener Sache – mich brauchen sie als Werbeagentur nun wirklich nicht.

Als Journalistin nehme ich von dieser Baustelle ein geschärftes Bewusstsein für meine Sorgfaltspflicht mit. Und die Maxime, die auch auf der Walz gilt: Hinterlasse keinen Ort so, dass nicht noch ein anderer nach dir kommen kann. Wandergesellen zehren täglich davon, dass Handwerker auf der Straße als anständig und ehrenhaft wahrgenommen werden. Ein solcher Ehrenkodex würde auch meiner Zunft gut tun. Jedenfalls nehme ich mir das für meine eigene zukünftige Journalistentätigkeit vor. Ich will Verantwortung dafür übernehmen, dass meine Interviewpartner und Protagonisten sich nicht hintergangen fühlen. Das klingt erstmal gut. Aber dieser Grundsatz bringt mich direkt in Schwierigkeiten, wenn ich diese Zeilen hier schreibe. Denn es werden nicht alle Gesellen damit einverstanden sein, dass ich meine Erfahrungen auf der Sommerbaustelle überhaupt aufschreibe. Auch wenn dieses Buch damals nicht geplant war und ich mich daran halte, nur meine persönlichen Erfahrungen zu schildern. Es gibt etwas, das im Sprachlosen bleiben muss.

So eine Sommerbaustelle ist eine eigene Welt. So wie die ganze Welt der Walz ein seltsamer kleiner Mikrokosmos ist. Was kann ich schon über Wandergesellen schreiben? Nichts hat Bestand. Mal sind sie eine kauzige Truppe Traditionalisten, mal ein raufendes Balg. Mal ein Haufen singender Melancholiker, mal eine Horde trinkender Poeten. Verwegene Landstreicher, heimwehkranke Muttersöhnchen. Penner in Maßanzügen. Ratlose Rastlose. Menschen mit Hut, Unbehütete. Zauberer mit Zylinder. Gaukler, Schelme – oder doch bloß Schornsteinfeger? Ehrliche, aufrichtige Menschen. Demütig, bereit zum Verzicht. Wahrhaftig. Dann wieder prollend und grollend. Es ist egal, welche Worte ich auswähle, um Wandergesellen zu beschreiben – sie genügen nicht. Denn dahinter stehen Menschen. Wie du und ich. Das verstehe ich jetzt besser als vorher. Wer in Kluft unterwegs ist, ist immer auch Repräsentant einer Gruppe. Und ist immer auch Projektionsfläche für das Fernweh derjenigen, die zu Hause bleiben. Und dabei übersieht man manchmal, dass hinter jeder Kluft und unter jedem Deckel doch ein ganz normaler Mensch steckt.

Das ist mir schon am ersten Abend auf der Sommerbaustelle aufgefallen, als ich mich plötzlich in einem Tangokurs wiederfand. Wie das? Auch Wandergesellen wollen mal etwas anderes erleben, Neues dazulernen. Und deshalb haben sie einen Tangolehrer aus Berlin auf die Baustelle eingeladen. Ich liebe Tanzen; die Gelegenheit muss ich nutzen. Mit einem Dutzend Wandergesellen, Männer und Frauen, breche ich in die Turnhalle des Ortes ein. Sportmief wie zu Schulzeiten, wir schlittern barfuß über die Bodenmarkierungen. Mir gegenüber steht Bert, ein Wandergeselle mit Dreadlocks, Piercings und kahlrasierten Schläfen. Er ist einer von den Lauten, vor denen ich mich manchmal ein wenig fürchte. Jetzt sollen wir miteinander tanzen. Ich stehe verunsichert im grellen Neonlicht und soll vertrauen lernen. Ich soll Bert die Handfläche auf die Brust legen, er soll die Augen schließen und jetzt soll ich ihn führen, quasi mit der Kraft meiner Gedanken. So sagt es der Tangolehrer. Aber Bert hampelt rum. Er meint: »Ich muss meine Buchs ausziehen, die ist zu eng zum Tanzen.« Also schält er sich aus seiner Klufthose und steht plötzlich in T-Shirt und Boxershorts vor mir. Wir beziehen wieder Tanzposition. Sein Herz unter meiner Hand rast. Der ist ja auch aufgeregt! Bert ist 21 und jetzt, da er in Unterhosen vor mir steht und sich beim Tanzen selber ein Bein stellt, da schaue ich ihn das erste Mal nicht durch die Walz-Brille an.

Hier habe ich einen Menschen vor mir. Ja, einen Menschen, der Kluft trägt. Aber vielleicht auch einen Menschen, der nicht übermäßig gut Tango tanzen kann. Einen Menschen in buntgemusterten Unterhosen. Einen Menschen, der mal stark, aber auch mal unsicher ist. Mal furchteinflößend, mal tollpatschig. Und ich habe den Fehler gemacht, solche Leute auf ihre Uniform zu reduzieren. Ich sehe die Kluft und denke wie jeder andere Passant: »Ah, Wandergeselle!« Dabei ist da natürlich so viel mehr. So viel mehr, was ein Wesen ausmacht und was gesehen werden will.

Mit diesem Wissen im Gepäck reise ich nach einer Woche von der Sommerbaustelle ab. Ohne die Zeit auf der Sommerbaustelle wäre meine weitere Wortwalz wohl ganz anders verlaufen. Deshalb musste ich davon berichten. Sie ist die Keimzelle, aus der sich ganz viele Kontakte zu Wandergesellen ergeben haben. Sie war der Lernort, der mich erst klein machte, dann still. Und schließlich lächelnd abreisen ließ.

Am letzten Abend hatte es übrigens noch ein großes Fest gegeben, eine Abschlussfeier. Ich stand auf der Bühne vor rund 100 Handwerkern und trug ein Gedicht von Heinz Erhard vor. Zu aller Erheiterung. Ich hörte die schönsten Lagerfeuergeschichten und einen beatboxenden Gesellen auf der Mundharmonika. Ich staunte beim Richtfest, wie die Wandergesellen auf dem Dachfirst des halbfertigen Hauses saßen. Sie schallerten, also sangen Lieder, und klatschen nach altem Brauch in die Hände. Ein älterer Einheimischer hat mir alles erklärt. Kamerad Zopf, der lange bei den *Freien Vogtländern*

Deutschlands gereist war, hatte mir zum Abschluss noch mal einen tiefen Einblick in die Geschichte des Gesellenwanderns gegeben. Und am letzten Tag auf der Sommerbaustelle hat mir die fremde freireisende Schreinerin Heike gezeigt, wie man eine Japansäge benutzt. Wir haben uns verabredet, später einmal gemeinsam zu reisen.

So viel hat es hier für mich zu lernen gegeben. Was für ein Geschenk! Jetzt packe ich wieder meinen Rucksack, mache die Runde, verabschiede mich von allen persönlich. Mit festem Händedruck. Ich habe das gute Gefühl, dass ich einige dieser Menschen nochmal wiedersehen werde. Dass die Straße uns wieder zusammenführen wird. In meinem Kopf ist jetzt etwas anders. Oder wie der mongolische Autor Galsan Tschinang schreibt: »Ich bin ein Stein, der bewegt worden ist. Unmöglich wird sein für mich, zurückzukehren dorthin, wo ich hingefallen war, als es anfing, mich zu geben.« Ich reise verändert von der Sommerbaustelle weiter. Es hat sich gelohnt dahin zu gehen, wo es am meisten ziepte. Jetzt will ich einfach mal loslassen. Das nächste Reiseziel noch nicht kennen. Ich will mir das Spinnen erlauben.

Hamburg – In Städten mit Häfen haben die Menschen noch Hoffnung

Kaum reise ich ab, kann ich mein neues Wanderwissen von der Sommerbaustelle anwenden. Denn im Gepäck habe ich einen Satz, der sich als Schatz entpuppt. Sebastian hat ihn mir zugesteckt, ein freireisender Schreiner, der so schön verrückte Geschichten erzählen konnte. Auch über seine Abenteuer auf der Autobahn. Zwischen einem Zigarettenzug und einem Axthieb sagte er: »Weißt du, Trampen ist wie eine Meditation.« Daran erinnere ich mich jetzt immer, wenn ich mich an die Straße stelle. Atmen, wahrnehmen. Versuchen an nichts zu denken. Einfach Daumen raushalten und beobachten, was Mathilda dir vor die Füße spült.

Mathilda? Wer das ist? Mathilda ist rotwelsch für Landstraße. Es ist die Verballhornung des Hebräischen *Medina*, Landschaft. Mathilda ist die Göttin der Straße. So nennen Wandergesellen das Prinzip, das zwischen Bordsteinkante und Bitumenstreifen regiert. So nennen sie ihre Einwilligung in das Überzufällige. Egal, was dir gerade passiert, es wird dich irgendwo hinführen. An einen Ort, der dich wieder weiterbringt. Vielleicht ist es Schicksal, vielleicht sind es Synchronizitäten. Das Gefühl, die Welt meint dich. Überlasse Mathilda die Führung und dein Weg wird zur Fügung. Vertrau dich ihr an und du erreichst Ziele, die nicht auf deiner Karte eingezeichnet waren. Mathilda kann wie eine Mutter sein, wenn sie dir an der Autobahn einen Mitfahrer vorbeischickt, der dir ein kühles Bier auf den Beifahrersitz reicht und Umwege fährt, um dich an dein Ziel zu bringen. Mathilda kann aber auch eine grausame Geliebte sein, wenn sie dich im Regen viele Stunden ausharren lässt, weil du erst noch warten musst, bis der Mensch des Weges kommt, dem du heute begegnen sollst. Auf eines ist Verlass: Mathilda gibt auf ihre Kinder acht. Wer sich der Landstraße hingibt, der wird aufgefangen.

Und so ist es auch heute. Ich halte den Daumen raus und mir passiert nur Gutes. Auf dem Weg nach Hamburg sinke ich in die Rückenlehnen der Republik. Eine Hebamme nimmt mich mit. Und ein Vermögensverwalter. Beide haben spät im Leben umgesattelt, noch mal die Berufe gewechselt. Biografien sind nichts Lineares, lerne ich. Meine Chauffeure fahren mich auf den Landstraßen und in ihren Leben spazieren. Erzählen, warum sie alles hinwarfen, um neu zu beginnen. Mein nächster Lift ist Franz-Otto. Ein verrückter zauseliger Bauer aus der Nähe von Lüneburg. Franz-Otto stellt sich vor und sagt im gleichen Atemzug: »Wie kann man sein Kind nur Franz-Otto nennen!?« Er lacht ein dreckiges Schepperlachen, hinkt stark und fährt deshalb seinen Hund Leica nur noch mit dem Auto spazieren. Gassi gehen im Turbogang. Sobald die Beifahrertür aufspringt, pest seine Leica über die Felder neben dem Auto her. Ich steige dazu und ein Road-Trip durch die Pampa beginnt. Wir rasen über die Felder. Auf einem Acker bringt Franz-Otto seine Karre zum Stehen und fragt mich scharf: »Und was ist das da?« Er zeigt auf eine Gemüsesorte am Wegesrand, die ich nicht kenne. Mangold, Wirsing. Wir rumpeln weiter. Am Ende klauen wir rote Bete vom Feld, schneiden sie in Stücke und essen die blutroten Knollen im Auto. Wir wischen uns die Hände an der Rückenlehne ab und rasen lachend davon. Oh, Mathilda!

Schließlich lande ich in Hamburg. Hier habe ich eine Verabredung, mit einem Journalisten, der mich eingeladen hat in seiner Redaktion mitzuarbeiten. Die Redaktion ist eine besondere. Das Straßenmagazin *Hinz&Kunzt* wird von Journalisten geschrieben und von Obdachlosen und Hartz-IV-Empfängern verkauft. »Niemand kennt Hamburgs Straßen besser«, das ist das Motto der *Hinz&Kunzt*, die sich bewusst nicht als »Obdachlosenzeitung«, sondern als »Straßenzeitung« betitelt. Für 0,90 Euro erwerben die Verkäufer das Heft, für 1,90 Euro bieten sie es auf der Straße an. Die Chefredakteurin war vorher Lokaljournalistin beim *Hamburger Abendblatt*; Schwerpunkt Soziales, Hafen und Gewerkschaft. Heute ist sie mit ihrem Blatt selbst ein Hafen für Gestrandete. »Die Zeitung soll den Leuten etwas Geld bringen, aber auch wieder Würde.« Daran will ich mitarbeiten, also biete ich bei *Hinz&Kunzt* für ein paar Tage meine Arbeitskraft an.

Um ein Thema kommt man hier nicht herum: -losigkeit. In jeder Form. In den Gesprächen auf den Fluren geht es oft um Wohnungs- und Obdachlosigkeit. Um Heimat- und Ruhelosigkeit. Aber auch um Sorglosigkeit. Um das Fehlen von fast allem. Ich will mehr lernen über das Weniger-Haben. Und über das Draußenschlafen in der Stadt. Bisher habe ich in Wäldern, auf Spielplätzen und in Ziegenställen übernachtet, wenn ich nicht bei Redakteuren oder Freunden auf dem Sofa unterkam. Aber in einer Großstadt? Da habe ich keine Ahnung, wo ich mich hinlegen kann. Niemals würde ich mich einfach alleine vor den Eingang einer Hamburger Karstadt-Filiale legen, viel zu gefährlich. Also muss ich nachfragen. Bei den Experten vom Kiez. Da bin ich bei *Hinz&Kunzt* an der richtigen Adresse.

Als ich an der Altstädter Twiete ankomme, ist gerade Mittagspause. Ich sehe von Weitem ein gutes Dutzend Leute in einer Schlange vor dem Eingang stehen. Abgerissene Gestalten, Obdachlose, denke ich zunächst. Dann fällt mir auf, dass ich gerade genauso aussehe. Mit meinem roten Rucksack auf dem Rücken, an den ich die Isomatte gebunden habe. Mit meinem blau karierten Hemd, das lange nicht gewaschen wurde. Mit meinen ungekämmten Haaren, die unter dem Hut hervorbitzeln. Ich habe schwarze Ränder unter den Fingernägeln, meine klobigen Wanderstiefel landen festen Trittes auf dem Trottoir. Ich bin selber ein Vagabund geworden in den letzten Wochen. So nähere ich mich den Wartenden. Ein Punker sagt: »Ey, hier ist das Ende der Schlange.« Ich frage, worauf wir warten. »Um drei Uhr macht das Café wieder auf.« Aha. Ich begreife, dass hier nicht nur die Redaktion der *Hinz& Kunzt* beheimatet ist, sondern zugleich eine Art Wärmestube und die Räume des dazugehörigen Sozialprojekts. Und mir wird klar, dass mich hier längst keiner mehr für eine Journalistin hält.

Ich will mit Obdachlosen in der Hamburger Hafencity übernachten. »Platte machen« nennen die Penner das – und auch die Wandergesellen sprechen rotwelsch von einem »Plattenladen«, wenn sie ein Hotel meinen. Draußenschlafen in der Stadt ist ein heikles Geschäft. Wer einen guten Platz zum Pennen gefunden hat, verrät ihn keinem Fremden. Ortskunde ist Herrschaftswissen für Wohnungslose. Doch in meiner Montur komme ich leichter mit jenen ins Gespräch, die Marc Augé in seinem *Tagebuch eines Obdachlosen* liebevoll die »Stars des Erdgeschosses und des Trottoirs« nennt. Ich finde Ronny, Dennis und Assel. Die drei sind zu Hause auf dem Bürgersteig, nicht im Bürgertum. Sie nehmen mich für eine Nacht mit unter ihre Brücke. Die Chefredakteurin des Obdachlosenmagazins kennt meine drei Nachtgefährten und hält sie für vertrauenswürdig. Ronny, Assel und Dennis sind einfach gute Jungs. Die mich mitten in ihr Wohnzimmer lassen. Ein Freiluftwohnzimmer, freilich. Ich bin gerührt, wie viel menschliche Wärme sich hinter der Schroffheit verschanzt hat. Darüber schreibe ich für das Straßenmagazin *Hinz & Kunzt* diesen Text. Er wird letztlich nie gedruckt, weil die drei selbsternannten Edelpenner bald darauf eine Bleibe finden – zum Glück:

Hamburg

PLATTE MACHEN

Über Nacht draußen in der Stadt: Wie man in Hamburg auf der Straße schläft und was es dabei zu lernen gibt.

»Heute darfst du Penner sagen«, sagt Assel, der Punk mit dem bunten Irokesen, »du bist ja jetzt auch einer.« Willkommen auf der Platte. Hafencity Hamburg, Ecke *Spiegel*-Gebäude, unter einer Brücke. Wir haben ein Lager aufgeschlagen, Isomatten ausgerollt, Schlafsäcke ausgebreitet. »Bald wird es regnen, der Wind hat gedreht«, sagt Ronny, der morgen früh raus muss. Er hat gerade einen Job bei einer Zeitarbeitsfirma, arbeitet auf dem Bau, schläft aber auch hier draußen. Der Dritte im Bunde ist Dennis, mit roter Käppi und beigefarbener Jacke. Er war lange Zeit Heroin-Junkie, heute macht er Stadtführungen an Orte der Obdachlosigkeit. Seit drei Monaten schläft er wieder draußen. »Naja, Plattemachen ist eigentlich nicht mehr so meins, aber wir sind ja hier Edelpenner«, sagt Dennis.

Der Arbeiter Ronny, 33, der Punk Assel, 27, und der Stadtführer Dennis, 31 – die drei sind ein eingespieltes Team auf Platte. Playstation, Fernseher und Strandmuschel werden geteilt. Um Tabak und Essen muss sich jeder selber kümmern. Hund Diego, eine wilde Boxermischung, bewacht alle drei. Heute auch mich.

Die Fakten: Rund 2000 Menschen, so schätzt die Diakonie, leben in Hamburg auf der Straße. Es gibt zu wenige Orte, wo man in Sicherheit ein paar Stunden ruhen kann. Selbst in der Notunterkunft *Pik As* werden jeden Abend im Schnitt zehn Obdachlose abgewiesen. Eine weitere Zahl schmeckt bitter: Menschen, die lange Zeit obdachlos sind, werden durchschnittlich nur 47 Jahre alt.

»Das hier ist mein Wohnzimmer«, sagt Assel und zeigt auf die gepflasterte Brückenunterführung unweit des *Spiegel*-Verlagsgebäudes. Er hat auch mal ein Schild aufgestellt, auf dem das geschrieben stand: Wohnzimmer. Damit ihnen abends die Angler nicht den Platz streitig machen. Wind pfeift unter der Brücke durch. Gegenüber auf der anderen Flussseite entsteht gerade eine der teuersten Wohn- und Bürogegenden der Stadt. Die Baustelle Hafencity ist ein gutes Revier, um die Nacht zu verbringen. »Keine Jugendlichen hier, die randalieren«, sagt Dennis.

Die Jungs räumen ihre Platte immer auf, machen keinen Müll, machen keinen Lärm. Deshalb sind sie geduldet. Der zuständige Stadtteilpolizist wusste schon nach zwei Tagen von ihrem neuen Quartier. Er ließ sie gewähren. »Das sind ruhige Jungs«, hatte er gesagt.

Ich staune über die Rituale des Straßenlebens, die Tricks und Kniffe, aber auch über die technische Ausstattung mit Lautsprechern und Handys. Es gibt einen festen Tagesablauf: Vor 20 Uhr wird der kleine mobile Fernseher nicht angemacht, sonst reicht der Akku nicht lang genug. Musik nur leise hören, sonst beschwert sich noch jemand. Nach 22 Uhr, wenn der abendliche Film zu Ende ist, wird noch ein wenig geschnackt. Dann wird gepennt.

Durchschnittlich 57 Quadratmeter Wohnfläche haben Einwohner der Hamburger Hafencity zur Verfügung. Für mich reichen heute die zwei Quadratmeter auf meiner Isomatte. Ich darf windgeschützt in der Strandmuschel schlafen. Behütet zwischen den drei Männern, bewacht von Hund Diego. Assel erzählt, dass die günstigste Wohnung hier in der Gegend 1600 Euro Miete kosten soll, für rund 20 Quadratmeter.

Wir liegen in unseren Schlafsäcken herum, es ist früher Abend. Ein Mann in Segelschuhen spaziert vorbei, Haare zurückgegelt, seine Freundin eingehakt, den Hund an der Leine. Er hebt die Hand zum Gruß und winkt uns Obdachlosen wie ein alter Bekannter. »Heute benimmt er sich mal«, ruft er und meint seinen Hund. Er biegt ab in einen Hauseingang. »Gibt auch nette Leute hier«, sagt Assel. Zur Not dürfen die Wohnungslosen in der Tiefgarage des Nachbarhauses Unterschlupf suchen. Ein Anwohner hat ihnen die Zahlenkombination für das Schloss am Garagentor verraten. Dort sind sie aber nur, wenn der Regen waagerecht unter der Brücke entlangfegt. In der Tiefgarage gibt es auch eine Steckdose, an der sie den Fernseher und die Handys aufladen können.

Warum überhaupt draußen schlafen? »Ich komme aus einer bürgerlichen Familie«, erzählt Dennis. »Manchmal hatte ich das Gefühl, mir gelingt alles zu leicht.« Eine Bewerbung für einen kaufmännischen Ausbildungsplatz hatte er abgeschickt, sogleich wurde er angenommen. Dann kam er irgendwie ins Stocken. Drogen, Beschaffungskriminalität. Fünf Ausbildungen hat er angefangen, alle abgebrochen. Dennis trägt seine Kontaktlinsen jetzt schon zwei Jahre am Stück. Nur im Knast hat er sie mal rausgenommen, die Augen hatten sich entzündet. Den blonden Bart trimmt er mit dem Haarschneider in den Räumen von *Hinz & Kunzt*. Gepflegtes Aussehen ist ihm wichtig, allein schon wegen der Stadtführungen, die er jetzt macht. »Da rauche ich auch vorher nichts«, sagt er. »Ich will mein Leben auf die Reihe kriegen. Mit 31 wird das langsam mal Zeit.«

Die Nacht bricht mit meinen Vorurteilen: Wir bestellen Pizza. Online, übers Handy. »Wenn man telefonisch bestellt, liefern die das gleich bis unter die Brücke«, sagt Assel. Wir beide sind Vegetarier, die Pizza kostet rund 12 Euro. Mit dem Schnorren verdient Assel am Tag zwischen 30 und 50 Euro. Um die Ecke von unserem Schlafquartier gibt es ein schickes Restaurant. Im Angebot haben sie »glutenfreie, laktosefreie und vegane Pizza«, aber nicht für uns. Gestern Abend hat Assel hier nach Leitungswasser für den Hund gefragt. Die Antwort des Kellners lautete: »Wir haben schon geschlossen.« Bis zum Bahnhof musste Assel dann laufen, um frisches Wasser zu finden. Heute sitzen gegen 22 Uhr Pärchen bei gedämmtem

Licht im Lokal. Ich will mir die Hände waschen, gehe ins Lokal. Mich lässt man gewähren.

Es wird dunkel unter der Brücke. Jetzt schalten wir den Fernseher an. Ein kleines, mobiles Gerät, auf dem geklaute Filme laufen. Fast gemütlich ist es. Daunendecke, Pizza, Film. Wir gucken *Lucy*, einen Film, in dem eine Frau durch eine sonderbare Droge plötzlich 100 Prozent ihrer Gehirnleistung nutzen kann. Der Science-Fiction-Thriller endet damit, dass die schöne Lucy verschwindet, aus dem Off hört man ihre Stimme. Brüchig schallen die Worte aus dem kleinen Lautsprecher über die Pflastersteine unter der Brücke, verlieren sich im Dunkel: »Vor Millionen Jahren wurde euch das Leben geschenkt. Macht etwas draus«, sind Lucys letzte Worte. Dennis, der Ex-Junkie, sagt: »Jo, macht was draus.«

Assel, der Punk, will lieber gar nichts machen. Er hat viele Jobs ausprobiert, zum Beispiel Säcke voller Kaffeebohnen schleppen. War alles nichts für ihn. Der einzige Job, der ihm Spaß gemacht hat? Schnorren. »Da krieg ich Geld dafür, dass ich die Leute zum Lachen bringe.« Assel hat keinen Bock auf Mitleid. Geht ein Passant an ihm vorbei, der den Blick nicht von seinem Smartphone abwenden kann, sagt er: »Hey, postest du mir was in meinen Schnorrbecher?« Kommt ein breitschultriger Typ vorbei, sagt Assel provokant: »Hast du was Kleines in der Hose für mich?«

So kommt Assel, der Gepiercte mit den pinken Haaren und der Flecktarnhose, halbwegs durch. Seine fetteste Beute erschnorrte er an Heiligabend vor einer Bankfiliale. Ein Anzugträger ging zum Schalter und sagte zu Assel: »Wenn mein Weihnachtsbonus schon auf dem Konto ist, kriegst du was.« Er hatte Glück: 500 Euro auf die Hand. Dann kam der nächste

Geldgeber. Der fragte, was Assel sich zu Weihnachten wünschte. »Eine Playstation mit zwei Daddelkonsolen«, sagte Assel. Eine halbe Stunde später kam der Mann mit einer Plastiktüte vom Elektronikfachgeschäft zurück. Den Kassenbon behielt er, damit Assel die Playstation nicht wieder umtauschen konnte. »Danke«, sagte Assel damals. Er lacht noch heute drüber.

Unser Film ist zu Ende. Jetzt ist bald Schlafenszeit, kurz vor Mitternacht. Bei aller Heimeligkeit: Dies ist die Straße, es bleibt gefährlich. Was ich hier lerne über das Plattemachen, sind Überlebensweisheiten. »Ohrstöpsel sind dein Tod auf der Straße«, sagt Assel. Er trifft Vorkehrungen, damit ihn nachts nichts überraschen kann. Die Hundeleine bindet er sich um den Oberarm. Diego knurrt, sobald sich ein Mensch nähert. Gegen vier Uhr nachts passiert das tatsächlich. Diego knurrt, wir vier schrecken hoch. Ausgerechnet ein Polizist kommt vorbei: »Entschuldigen Sie bitte, sind Sie schon länger wach?«, fragt der Polizist sehr höflich, »haben Sie hier eine Person entlangrennen sehen?« Assel grunzt: »Nö«, und schläft weiter. Fehlalarm. Die Lichter flackern über dem Hafen, ein Zug fährt vorbei. Bald wird es hell.

Früher hatten Assel und Dennis mal eine Wohnung zusammen. Doch während Dennis im Knast saß, hat Assel sich nicht richtig um die Miete gekümmert. Zwangsräumung. Eine Woche hatten sie Zeit, sich wieder auf das Leben auf der Straße vorzubereiten. »Die erste Nacht draußen war beschissen. Wir hatten nur zwei Isomatten und eine dünne Decke«, erzählt Dennis. Im Nachtbus gab es nur noch Rettungsdecken, diese dünnen gold-silbernen Folien.«

Seit der ersten Nacht draußen ist es besser geworden. Mittlerweile sind die Männer hier etabliert. Dennis hat sich in einem Outdoorgeschäft ein Feldbett gekauft. Mit zwei schweren Wackersteinen befestigt er jeden Abend die Strandmuschel, die uns vor Spinnenkacke unter den Brückenpfosten schützen soll. Jeden Tag versteckt Dennis die Steine unter den Brückenträgern. Ein Ritual wie Kopfkissenschütteln. Jeden Abend zum Sonnenuntergang geht auch die Beleuchtung an. Gelbes Straßenlaternenlicht unter der Brücke. »Licht bietet Sicherheit«, sagt Assel. »Hier sehen wir schon von Weitem, wenn sich jemand nähert.«

Es ist halb sieben, Baulärm dröhnt vom anderen Ufer. Der Morgen ist da. Der stille Ronny hat verschlafen, er flucht. Er packt seinen Schlafsack und verschwindet. Dennis und Assel rollen sich noch mal in ihre Schlafsäcke ein. Jogger und Fahrradfahrer passieren die Brückenunterführung. Einige grüßen, andere werfen scheue, schuldige Blicke auf unser Nachtlager. »Da gewöhnt man sich dran«, sagt Assel. Vielleicht holen sich die beiden bald ein Zelt, mit dem sie in den Wald ziehen können. Dennis hat genug vom Plattemachen. Es wäre mal Zeit für was Festes. Er widerspricht seinem Kumpel: »Da gewöhnt man sich besser nicht dran.«

ZEHN TIPPS ZUM DRAUSSENSCHLAFEN IN HAMBURG VON DENNIS, RONNY UND ASSEL

1. Immer mit dem Rücken zur Wand liegen, dann ist eine Körperseite schon mal geschützt.
2. Ohrstöpsel sind dein Tod auf der Straße. Wenn du nichts hörst, bist du nicht wachsam genug.

3. Wichtige Sachen nie draußen liegen lassen, sondern als Bündel im Fußraum des Schlafsacks verstauen.
4. Beim Pizzabestellen »unter der Brücke« als Lieferort angeben.
5. Den Schnorrbecher kann man nachts gut als Brillenetui nutzen.
6. Zahnbürsten in unbenutzten Hundekotbeuteln aufbewahren, die es kostenlos in der Drogerie Budnikowsky gibt.
7. Die Platte, den Schlafplatz, immer aufräumen und sauber hinterlassen – und keinem leichtfertig den Standort verraten.
8. Wertsachen immer so nah wie möglich am Herzen lagern.
9. Früh auf Platte sein, sonst kommen die Angler und nehmen dir deinen Platz weg!
10. Leg dich ins Licht, nicht ins Dunkle. Helligkeit bietet Sicherheit.

Als ich nach dieser Nacht unter der Brücke am nächsten Morgen in die Redaktion schlurfe, fühle ich mich zertrümmert. Aber auch angenehm verstört. Die Nacht mit den Obdachlosen verlief ganz anders als geplant. Ich hätte nie damit gerechnet, dass Leute, die unter der Brücke schlafen, einen mobilen Fernseher dabei haben. Dass sie Pizza bestellen. Ich hätte auch nie damit gerechnet, dass das Leben auf der Straße so strukturiert sein kann, einem genauen Zeitplan folgend. Und ich hätte nie damit gerechnet, dass die drei Jungs so einfühlsam und großzügig sein würden. Sie boten mir Sicherheit und Schutz, ihr Hund gab auch auf mich acht. Offenbar braucht man nicht mal ein Dach über dem Kopf, um gastfreundlich zu sein. Selbst wer vermeintlich gar nichts hat, kann teilen. Meine Beobachtung bestätigt sich: Die, die wenig haben, geben umso großzügiger. Hamburg werde ich nun wohl immer mit dieser Nacht der Heimatlosigkeit verbinden. Ich frage mich jetzt, wozu ich überhaupt einen festen Wohnsitz brauche. Und ich glaube, dass es stimmt, was mal einer zu mir sagte: In Städten mit Häfen haben die Menschen noch Hoffnung.

Harburg – Ein Mann und sein Herzblutblatt

Eigentlich. Das ist ein großes Wort. Darin steckt die Kraft, Pläne zu ändern. Denn eigentlich wollte ich längst weg sein aus dem Hamburger Raum. Jetzt bin ich doch geblieben. Hänge in Harburg fest. Auf Umwegen bin ich hier gelandet. Zu Fuß bin ich durch den alten Elbtunnel gelaufen, der wie ein weiß gekachelter Geheimgang hinausführt aus der Hansestadt. Hamburg ist ein Magnet für mich, ich kann mich kaum lösen. Auch für viele Wandergesellen ist die Hafenstadt ein Anker. Nicht zuletzt, weil die Kneipe der wunderbaren Wirtin Brigitte auf dem Kiez Pflichtstation eines jeden Reisenden ist. Dort habe ich einige Biere gebechert, jetzt muss ich mal wieder in die Gänge kommen.

Am südlichen Elbufer halte ich den Daumen raus. Ein schwarzer Jeep fährt mich fast um. Dann hält ein Lastwagenfahrer an. Auftritt Volker: Schiefe Zähne, kehliger Husten, gutes Herz. Volker ist von Beruf Seemanns-Chauffeur und kutschiert Kapitäne vom Hamburger Hafen in die Seemannsmission. Heute sackt er mich ein. Doch bevor wir Fahrt aufnehmen, will Volker Bratkartoffeln essen. Wir stoppen in einer Brummifahrerkneipe. Ein Teller groß wie ein Tablett, beladen mit Bratkartoffeln und Spinat, landet vor mir. Volker nickt mir stumm spachtelnd zu, ich möge bitte ordentlich reinhauen. Zwischen zwei Happen erzählt er mir, wie er im

Leben noch knapp die Kurve kriegte. Familie weg, Job weg, fast wäre er in den Knast gewandert. Doch er entschied sich für Sozialstunden. So landete er bei den Kapitänen, die ihm den Kopf wieder gerade rückten. Heute sind es Seeleute aus aller Welt, die er durch die Gegend fährt. Krumme Dinger macht er nicht mehr. Volker schenkt mir einen blassorangenen philippinischen Geldschein, den ihm mal ein Matrose mitgegeben hat. Er soll jetzt mir Glück bringen.

Volker hat mich vom Weg abgebracht. Aber ich übe heute, die Zeichen der Straße zu deuten. Den Weg vor mir entstehen zu lassen. Stunden sind vergangen, Volker verabschiedet sich in seinem norddeutschen Brummifahrerplatt. Wir haben gerade mal 20 Kilometer Strecke zurückgelegt, jetzt lässt er mich in Harburg raus. Harburg ist eine Trabantenstadt vor den Toren Hamburgs, der kleine schmutzige Bruder der Hansestadt. Arbeitergegend, Backsteinhäuser. Ich tappe unschlüssig im Stadtpark umher. Es ist jetzt schon spät am Nachmittag, heute werde ich nicht mehr weit kommen. Wo werde ich schlafen? Wo geht es als Nächstes hin? Keine Ahnung. Ich lasse mich heute treiben. Ich schlendere immer da entlang, wo eine Ampel auf grün springt. Jeder Umweg, den ich gehe, findet seinen Grund. Ich setze mich auf eine Parkbank und kritzele in mein Notizbuch: »Mathilda ist kein Gespenst. Wenn ich mich auf sie einlasse, führt sie mich. Ich komme an Orte, die nahe der Route liegen, die ich sonst aber knapp übersehen hätte.«

Da kommt eine Frau mit einem Hund auf mich zu. Noch bevor sie mich anspricht, habe ich das seltsame Gefühl, dass sie irgendetwas für mich haben wird. Eine Nachricht, ein Geschenk. »Wo geht dieser Weg hin?«, frage ich sie einfach. Sie lächelt. Simone heißt sie, kommt in Bluse und Blazer aus ihrem Büro. Sie fragt mich, was ich hier mache. Ich streichle ihren Hund und sage mein Verslein von der Wortwalz auf. Unvermittelt nimmt sie mich in den Arm und drückt mich fest an sich. Sie sagt, ich solle bitte zu Peter gehen. Das sei ein Zeitungsmacher, den ich hier in Harburg unbedingt treffen müsse. Früher sei sie – vielleicht – ein klitzekleines bisschen verliebt in diesen Peter gewesen, kichert sie. Sie gibt mir die Adresse und schickt mich des Weges. Ich bin verblüfft. Erst Lasterfahrer Volker, dann Kauffrau Simone. Gefüttert und umarmt von fremden Menschen, heute offenkundig geliebt von der Welt, lasse ich mich darauf ein – in Harburg zu bleiben.

So lande ich bei Peter. Der eigentlich gerade ganz andere Sorgen hat, als eine reisende Reporterin bei sich aufzunehmen. Peter, ein Charmeur mit Chucks und Cardigan, ein grauhaariger Wuschelkopf, ist Harburger Fotograf und Lokaljournalist – eigentlich. Denn die Zeitung, für die er fast 20 Jahre gearbeitet hat, die *Harburger Anzeigen und Nachrichten*, gibt es nicht mehr. Weil Peter aber zwei Eigenschaften hat, die ich sehr schätze – Größenwahn und Hartnäckigkeit – hat er beschlossen, weiterzumachen. Seit Dezember 2013 gibt er alle zwei Wochen das *Harburger Blatt* heraus, eine Schülerzeitung für Erwachsene. So nennt er sein Werk grinsend, als wir im Dunkeln ein Bier in seinem Garten trinken. Mit dabei sitzt noch Lutz, Peters Nachbar. Der hat so buschige himmelwärts strebende Augenbrauen, als würde er die Chilis, die er züchtet, täglich zum Frühstück naschen. Alle hier, so registriere ich voller Sympathie, sind offenkundig ein wenig verrückt. Das sehe ich gleich an Peters Augen, in denen Schalk und Wahnsinn um die Wette funkeln.

Ich frage Peter, was ich hier beim *Harburger Blatt* von ihm lernen kann. Denn ich bin ja auf der Wortwalz, um mein journalistisches Handwerk zu verfeinern. Er antwortet: »Puh. Du kannst hier das lernen, was du auch draußen lernen kannst: frei sein, deinen Weg gehen, dich verwirklichen. Du kannst einfach das machen, was dir Spaß macht. Freiheit kann aber auch etwas sehr Schmerzhaftes sein. Wenn man an etwas glaubt, dann muss man bereit sein, alles in die Waagschale zu werfen – und sei es die eigene Existenz. Je mehr man dir nimmt, desto weniger kannst du verlieren. Selber ein Blatt zu machen, ist eine Achterbahnfahrt. Man muss lernen, sich selbst zu vertrauen. Und auf die Leute, die sich dazu gesellt haben, die dir zugelaufen sind.«

Peter ist ein sympathischer Spinner. Er wollte mal Modefotograf werden, wurde dann aber doch alleinerziehender Papa. Er hat mal vier Seiten in seiner Zeitung einfach weiß gelassen und unten in die linke Ecke dazu geschrieben: »Aller Anfang ist leer.« Peter ist eine strubbelköpfige Zumutung, ein Freigeist. Als Mensch und als Journalist. Und er hat keine Angst vor Pathos. Er sagt Sätze wie: »Ich glaube, Journalismus hat damit zu tun, die Welt ein Stück weit besser zu machen, und zwar zunächst im Kleinen. Man muss ja irgendwo anfangen in dieser globalen Welt. Und wie sagt man so schön: Die Samen von heute sind die Blumen von morgen.«

Ich beschließe zu bleiben. Und übernachte in Rimini. So heißt das winzige grüne Holzhaus, das in Peters Garten steht. Es ist zusammengezimmert aus einfachen Pressspanplatten, mit laxem Pinselstrich hat jemand den Namen des italienischen Badeortes darauf geschrieben. Zwischen Chilistauden und Bienenstöcken steht es friedlich im Grünen. Sieben befreundete Parteien und sieben Katzen leben auf dem Grundstück. Überall stehen Zeitungskartons herum, in denen sich noch unverkaufte Exemplare des *Harburger Blatts* stapeln. Peter ist bereit, alles für sein Blatt zu geben. Inzwischen wurde ihm das Wasser abgedreht und das Internet abgeschaltet. Er kann die Rechnungen nicht mehr bezahlen. Deshalb aufgeben? Niemals! Eine Woche lang frage ich mich also bei den Nachbarn durch, wo ich duschen darf. Ich komme mir dabei manchmal noch vor wie eine Einbrecherin, wenn ich in fremde Bäder tapse, zu fremden Handtüchern und fremdem Duschgel greife. Peter jucken die Zustände am finanziellen Abgrund kaum. Die Toilette spült er mit der Gießkanne.

Peter ist Chefredakteur und Herausgeber, Fotograf und Autor in Personalunion. Und auch zuständig für den Vertrieb. 2000 Exemplare des *Harburger Blatts* bringt er alle zwei Wochen zu den rund 60 Verkaufsstellen in Harburg. Das neue Blatt ist gerade fertig, also gehen wir zusammen Zeitungen austragen. Der Chefredakteur und ich kurven zwei Tage lang durch Harburg und liefern die druckfrischen Pakete ab. Das ist mühsam und kräftezehrend, doch für Peter ist es Teil der Kommunikation mit seinen Lesern. Die Kioskverkäufer sind begeistert vom *Harburger Blatt*. An vielen Orten ist es ausverkauft. Nur Geld verdienen kann Peter mit seiner Arbeit kaum. Wenn ich ihm dabei zugucke, wie er Ein-Euro-Münzen aus Geldbüchsen schüttelt, kommen mir leise Zweifel, wofür er sich da abrackert.

Peter schreibt sich um Kopf und Kragen für sein Blatt, das manche spöttisch als »Kunstprojekt« betiteln. Er schart Helfer um sich: Ein Tattoo-Künstler illustriert für lau die Titelbilder, ein Stahlbauer hat 50 kleine Verkaufsschiffchen aus

Metall als stumme Zeitungsverkäufer geschmiedet. Auch ich schenke Peter eine Geschichte und berichte von einem skurrilen Autogrammjäger, der in Harburger Kellern Fotos von Helene Fischer hortet. Von all dem hätte ich wohl nie erfahren, wenn ich nicht beim Trampen hier gestrandet wäre. Denn das *Harburger Blatt* gibt es nur gedruckt, nicht im Netz. Peter glaubt: »Mir laufen eben immer die richtigen Leute zu.«

Beim *Harburger Blatt* lerne ich, dass man manche Dinge einfach im Alleingang durchziehen muss, sein eigener Fan sein muss. Dafür ist Peter ein gutes Beispiel. Normalerweise hätte ich nie die Geduld gehabt, mich auf seine inszenierte Lässigkeit einzulassen. Aber dann sind wir eben im Cabrio an die Süderelbe gefahren und haben die Beine baumeln lassen. Das Cabrio parkte er auf dem Rückweg ein paar Ecken von seinem Wohnort entfernt. Er fürchtet, dass es längst vom Finanzamt gepfändet ist. Bei manchen bürokratischen Dingen hat er wohl den Überblick verloren. Aber eines hat er nie aus dem Blick gelassen: Er schreibt sein Blatt mit Herzbluttinte.

Ich denke an die Penner in Hamburg, an Lasterfahrer Volker, grüble über Peter. Ich bin jetzt einen Monat auf der Straße. Das erste Mal habe ich Gelegenheit, innezuhalten. Diese Reise wirft mich total zurück auf mich selbst. Holt mich aus meinem gewohnten Alltag raus. Dieser Sommer ist verrückt, ich habe keinerlei Pflichtprogramm. Normale Menschen gehen acht Stunden am Tag arbeiten und sitzen manchmal müde vor ihren Bildschirmen. Auf mich prasselt so viel ein. Ich bin wie in Hannes Waders Liedtext: Heute hier, morgen dort. Aber ich bin jetzt auch schneller erschöpft als in den Anfangstagen der Reise. Manchmal zwickt das Heimweh. Ich vermisse meine Münchner Nachbarn, ich vermisse meine bunten Wollsocken aus Nepal, die habe ich zu Hause gelassen. Zu Hause? Wo dieser Ort eigentlich ist, weiß ich nicht so genau. Ein Zwischenmieter wohnt gerade in meinem Münchner WG-Zimmer, ein fremder Mensch lebt zwischen meinen Möbeln. Und ich? Übernachte währenddessen mit Obdachlosen unter der Brücke, schlage mich durch die Büsche und trudele hier herum. Ich bin glücklich, dass ich so oft Unterschlupf finde. Dass

mir Menschen ohne Argwohn begegnen, mich aufnehmen und einladen. Bin gerührt, dass ich das alles erleben darf.

Vielleicht bin ich auch übermüdet. Es poppen Erinnerungen vom Anfang der Reise in mir auf. Noch unverarbeitete

Eindrücke, die immer wieder hochwallen. Wie ein nie ganz auskurierter Infekt. Flashbacks, wie ich durchs Bayreuther Land rollte, wie ich auf der Sommerbaustelle das Klo schrubbte, wie ich in Hilpoltstein bei Schokokuchen und Sekt zögerte zu bleiben. Rückblickend bin ich stolz, dass ich alleine losgegangen bin. Ohne Exportgesellen. Es gab halt niemanden, der eine reisende Journalistin auf die Straße bringen wollte. Ich musste mich alleine durchboxen. Wie früher auch schon. Ich erinnere mich an vergangene Reisen, die mich bereits vor der Wortwalz in die Welt spülten. Mit 16 mein Austauschjahr in den USA, mit sechs die erste große Familienreise nach Kenia. Meine Eltern, ehemalige DDR-Bürger, haben mir die Reiselust in die DNA kopiert. Wenn ich zurückdenke, waren wir eigentlich immer unterwegs. Meine Mutter, die bei einem Touristikkonzern arbeitet, mogelte mich stets einige Tage vor Ferienbeginn elegant aus der Schule. Reisen war für mich immer wie die dazugehörige vorbereitende Impfung in die Pobacke, eine regelmäßige Notwendigkeit. Später trieben mich meine Streifzüge alleine durch Russland und Nepal. Insofern fühlt sich dieses Unterwegssein jetzt an wie ein Schuh, der mir passt. Ich denke an die Wandergesellen und den Vorschlag der Schreinerin Heike, mit ihr gemeinsam zu reisen. Ich hoffe, ich werde sie wiedersehen.

Denn die Walz begleitet mich unentwegt, auch wenn ich keine Gesellen treffe. In Harburg besuche ich die Bude der *Rechtschaffenen Fremden*. Eine Bude ist eine Art Stammlokal, in dem Wandergesellen Unterschlupf finden. Marias Ballroom heißt der Laden hier. Ich quatsche mit Heimo, dem Vaddern, dem sogenannten Herbergsvater. Er zeigt mir die Bude mit den einfachen Doppelstockbetten im Hinterhof der Kneipe.

Gerade sind keine Reisenden hier. Aber in der Ecke lehnt noch ein zerbrochener Stenz, ein in sich gedrehter Wanderstock. Diese rindenlosen Hölzer, um die sich eine Geißblattpflanze geschlungen hat, sind kostbare Raritäten. Unter Wandergesellen heißt es: »Einen Stenz findet man nicht. Der Stenz findet dich.« Ich seufze. Manchmal fühle ich mich mit den Tippelbrüdern und Tippelschwestern verbunden, ohne dazuzugehören. Die Tradition des Gesellenwanderns ist inzwischen etwas, das auch mir innerlich Zuflucht bietet. Es hält mich am Laufen zu wissen: Da draußen sind noch mehr solcher Spinner.

Burgdorf – Hier ist meine Heimat(zeitung)

Heute möchte ich mich bei meiner Intuition bedanken. Bei meinem Bauchgefühl: Du bist toll, danke! Auf dich ist Verlass. Das Tramperglück weicht nicht von meiner Seite. Auch heute nicht, an der Autobahnraststätte an der A7. Da marschiert ein Mann auf mich zu und fragt: »Wo soll's denn hingehen?« Es ist Jürgen, der gerade mit seinem Wohnmobil vom Campingurlaub aus Glückstadt kommt. Mein Bauchgefühl sagt mir inzwischen recht gut, ob ich bei jemandem mittrampen möchte oder nicht. Und bei Jürgen habe ich ein gutes Gefühl.

Zu Recht: Jürgen ist ein kleiner untersetzter Mann mit Glatze und Brille, trägt Feinripppullover mit Reißverschluss und Stehkragen. Er sammelt Modelleisenbahnen. In seiner Heimat auf der Schwäbischen Alb hilft der Diplom-Ingenieur ehrenamtlich Flüchtlingen bei ihren Asylanträgen. Er ist auch ganz gern Kassenwart in einem halben Dutzend anderer Vereine. Jürgen ist einfach ein Guter, ein ganz Solider. Geschieden, zwei Kinder. Jetzt, wo alle abgehauen sind, macht er eben alleine Urlaub. Nachdem er mir all das erzählt hat, stellt Jürgen mir in seinem Wohnmobil eine ungewöhnliche Frage. Beim ersten Hören klingt sie spießig. »Die Wandergesellen, von denen du erzählst, Jessica, verschwenden die nicht drei Jahre ihres Lebens?«

Ich grübele darüber nach. Er meint es wohl so: In diesen drei Jahren auf Wanderschaft könnte man prima eine Familie gründen, ein Haus bauen, eine Existenz errichten. Stattdessen gondeln die Gesellen durch die Gassen. Zeitverschwendung? Es fällt mir leicht, Jürgens Frage zu verneinen. Nein, die verschwenden ihr Leben nicht. Die Wandergesellen machen es genau richtig. Ich bin sicher: Man muss fliegen lernen, bevor man selbst ein Nest baut. Das merke ich umso deutlicher, je näher ich dem Ort komme, an dem ich groß geworden bin.

Jürgen fährt mich bis Hannover. So komme ich nach Burgdorf. Hier bin ich zur Schule gegangen, hier habe ich auf dem Abschlussball getanzt, hier habe ich meinen ersten Freund kennengelernt. 30.000 Einwohner in Klinkerbauten und Reihenhäuschen. Hier habe ich angefangen zu arbeiten. Mit 16 habe ich meine ersten Zeilen für den *Anzeiger* geschrieben. Das ist die Lokalausgabe der *Hannoverschen Allgemeinen Zeitung*. Wie man so schön sagt: meiner Heimatzeitung.

Heimatzeitung, das Wort ist flauschig wie ein Flanellhemd. Was bedeutet es? Für mich ist es eine Kleinstadthülle. Ich schlage den *Burgdorfer Anzeiger* auf und sofort springt mich ein neues Lieblingswort an: Kleinkaliberkönigin. Niedersachsen, das ist die Steppe der Schützenkönige und Kaninchenzüchter. Hier auf dem flachen Land braucht man Hobbys zum Überleben. Die Schützenfestsaison ist gerade rum, die Themenlage ist dünn. Aber die neue Kleinkaliberkönigin – die Burgdorferin, die beim Schützenfest in der Klasse »Kleinkaliber« gewann – ist doch immer einen Vierspalter in der Zeitung wert. Es vergeht kein Kartoffelfest, ohne dass darüber berichtet wird. Alles hier kommt mir bekannt vor: Der Samstag heißt Sonnabend. Der Bürgermeister heißt Baxmann. Die Dörfer heißen Otze, Uetze, Schwüblingsen und Hülptingsen. Es sind die Orte, durch die ich als Schülerin jedes Wochenende gezuckelt bin, um von Veranstaltungen zu berichten. Hier kenne ich mich aus. Mit erwachsenen Schritten gehe ich nun die Straßen meiner Kindheit ab. Nur mein altes Ich erkenne ich kaum wieder.

»Wer von langen Löffeln und kuschelig weichen Fellen gar nicht genug bekommen kann, der ist am Wochenende bei der Kaninchenausstellung in der Schillerslager Mehrzweckhalle gut aufgehoben gewesen.« Diesen Satz habe ich vor zehn Jahren verfasst. Seit ich hier als Elftklässlerin meine ersten Artikel geschrieben habe, ist vieles anders geworden in meinem Leben. Nur in diesem Städtchen Burgdorf hat sich nicht allzu viel getan. Die Überschriften in der Lokalzeitung lauten noch immer: »Der Zwiebel ist es zu nass auf dem Acker« oder »Kartoffelbrote für die Helfer, Schmalzbrote für die Besucher«. Hier regiert die Bodenständigkeit.

Ich spreche in der Redaktion des *Anzeigers* um Arbeit vor, grüße die alten Kollegen. In den ersten Tagen beim *Anzeiger* redigiere ich Meldungen und schreibe über das Ferienprogramm der Stadtbücherei. Ich begleite eine ehrenamtliche Zirkustrainerin. Mit einem Tross Kinder ist sie über die Felder geritten und hat in den Dörfern der Umgebung einen Wanderzirkus organisiert. Sie fährt Einrad und kann jonglieren. Ich komme mir zur Gänze untalentiert vor. Später porträtiere ich einen jungen Burgdorfer Jesiden, der einen Hilfstransport für Flüchtlinge in Syrien organisiert hat. Ein beeindruckender emphatischer Kerl, der hier vor Ort etwas tun will gegen das Leid der Welt. Ich berichte über ganz banale Lokalthemen, die doch immer eine große Geschichte im Kleinen erzählen. Ich mache Lokaljournalismus, wie ich ihn liebe.

Diese Zeitung zu besuchen ist für mich aber auch eine Rückkehr unter veränderten Vorzeichen. Der Chefredakteur begrüßt mich mit den Worten »Herzlich willkommen zu Hause« und will plötzlich ein Selfie mit mir machen. Das ist verrückt. Früher hätte ich nie gedacht, mal so auf Du und Du mit dem Boss zu sein. Meine ehemalige Lokalkollegin, mit der ich früher gemeinsam Weihnachtsdienste schob, ist inzwischen stellvertretende Chefredakteurin. Und mein damaliger Redaktionsleiter lässt mir einen seiner Texte zukommen. Er handelt davon, dass der Rassekaninchenzuchtverein in Langenhagen dichtgemacht hat. Ein Klassiker. In der Unterzeile steht: »Phänomen ist allgegenwärtig: Mitglieder sind zu alt – Kaninchenverein muss sich auflösen.« Es ist, als wäre hier die Zeit stehen geblieben. Die Schützenfeste, Dorfkneipen, verkaufsoffenen Sonntage – das sind die Dinge, um die das Leben hier noch immer kreist.

Wie froh ich bin, ausgebrochen zu sein aus dieser Welt. Zugleich bin ich dankbar, dass ich mich jetzt hier ausruhen darf. In der Wohnung meiner Eltern ist alles wunderbar wie immer: Ich bekomme Essen, eine warme Wanne und darf über das öffentlich-rechtliche Fernsehprogramm meckern. Meine Eltern empfangen mich voller Freude. Ein Tütchen Gummibärchen auf dem Kopfkissen. Ständig mussten sie sich in letzter Zeit Sorgen um mich machen. Auch wenn ich brav jeden Sonntag bei ihnen angerufen habe, von fremden Handys oder Telefonzellen aus. Nun haben sie eine müde ungewaschene Tochter auf dem Sofa sitzen. Mein Reisetempo hat mich erschöpft. Ich muss mich sortieren. Ich reduziere mein Gepäck, fette meine Ledersandalen. Die hatte ich neulich taufeucht in eine Plastiktüte getan und unten in meinem Rucksack vergessen. Als ich sie rausholte, waren sie grüngeschimmelt. Dagegen halfen nur Muttis Hausmittel. Überhaupt bin ich pflegebedürftig. Ich gehe spazieren, aber bin nach drei Schritten erschöpft. Ich schlafe in einem Café ein. Ich vergesse mein Notizbuch bei einem Gesprächspartner. Ich schleiche um ein Musikgeschäft herum, vermisse mein Akkordeon. Ich vermisse die Wandergesellen. Ich hätte lieber mehr Kontakt zu Reisenden als zu Bleibenden. Ich habe Angst mich am Versuch loszulassen zu sehr festzukrallen.

Ich bin komisch zurzeit; in mir arbeitet etwas. Ich habe mir eine neue Krankheit eingefangen, eine Art Fatigue. Es ist die »Und-wo-geht's-als-Nächstes-hin-Müdigkeit«. Ich kann diese Frage nicht mehr hören. Wo immer ich aufschlage, wollen die Leute wissen, welche Pläne ich habe. Sie laufen Sturm, wenn ich sage, dass ich keine habe. Deutsche brauchen Definitionen. Meine Landsleute wollen die Dinge klar und strukturiert. Die Frage »Und wo geht's als Nächstes hin?« fordert Orientierung, verlangt Ordnung. Hierzulande hält man es nicht aus, wie die Russen »Posmotrim« zu sagen, wir werden sehen. Wenn die Leute wissen wollen, wann ich weiterreise, ist ihnen ein spanisches »Mañana, mañana« eine Zumutung. Ein bisschen mehr Unwägbarkeit würde ich mir wünschen. Eine Prise Swing.

Warum haben sich die Menschen dieses Leben so ausgedacht? Ein Leben, in dem man von 20 bis Ende 60 arbeitet und immer nur aufs Wochenende wartet? In dem man Geld verdienen muss, um sich davon Freizeit zu kaufen? Ich will lieber jetzt so leben, arbeiten und reisen, wie ich es mir erträume. Nicht später. Um es mit Camper Jürgen zu sagen: Ja, ich will mein Leben verschwenden.

Wie sehr ich aber gegen die Bürgerlichkeit rebelliere: Auch in mir wohnt eine Krämerseele. Ich habe Buch geführt. Jeden Tag aufgeschrieben, wie viel Geld ich ausgebe. Seit Tagen sind meine Ausgaben 0,00 Euro. Jeden Tag mache ich, egal wie müde, eine Notiz, wo ich übernachtet habe, mit wem ich getrampt bin und wie viel mein Leben gekostet hat. Ein letzter kleinbürgerlicher Wunsch, die Bilanz nicht völlig aus den Augen zu verlieren. Aber die Liste zeigt: Ich brauche viel weniger als gedacht. Es ist ein komisches Gefühl, so wenig zu benötigen. Manchmal stecken mir Menschen einen 20-Euro-Schein zu, einfach so. Dabei bin ich ja gar nicht bedürftig. Im ersten Reisemonat habe ich rund 200 Euro ausgegeben. Am meisten für Essen. Außerdem für Porto, für eine kurze Hose und Kontaktlinsenflüssigkeit. Kein Geld ist für Übernachtungen draufgegangen, nichts fürs Reisen. Ich überschlage im Kopf meine Kosten. Wenn ich in diesen Monaten für die Übernachtungen hätte zahlen müssen, hätte es diese Reise nicht gegeben. Meine Nahrungsnotizen zeugen von großem Hunger. Manchmal kaufe ich mir ein schnelles Frühstück bei Penny. Eine Buttermilch und eine Banane für 62 Cent. Manchmal gehe ich essen. Knödel und Bier, 13 Euro. Manchmal schreibe ich unter Ausgaben auf: 0,00 Euro, viel Schweiß. Ein andermal male ich ein Herz. Hinterlasse meinen Gastgebern kleine versteckte Geschenke. Ich schreibe auf: 0,90 Euro für Franzbrötchen. Und werde geizig, wenn ich aufschreiben muss »15 Euro, Supermarkt«. Ich würde schon gerne mal wieder einen knackigen

Salat in einem Münchner Biergarten essen. Aber mein Verhältnis zu Geld verändert sich ebenso wie mir der Appetit nach Sesshaftigkeit vergeht. Diese Dinge scheinen mir jetzt nicht mehr ganz so wichtig.

Auf Reisen gehen heißt Gewohntes zurückzulassen, den Rucksack zu packen und die Siebensachen wie ein Schneckenhaus auf dem Rücken durch die Gegend zu tragen. 20, 30 Gegenstände müssen reichen, ein Taschenmesser, eine Deutschlandkarte, ein Tagebuch. Da erscheint es mir zuweilen irrsinnig, wie viele Dinge, Kleidungsstücke und Besitztümer ich sonst daheim anhäufe. Jetzt habe ich alles, was ich brauche in meinem Rucksack. Das rote Ungetüm ist wie eine stumme, drängende Aufforderung zum Aufbruch.

Ich muss weiter, weg aus Burgdorf. Weiß nicht, woher die Rastlosigkeit kommt. Warum habe ich so eine Eile im Herzen? Ich denke jetzt schon an die Orte, an die ich noch reisen will. Die Zeitungsredaktionen, die ich noch besuchen will. Die Regionen, die ich noch kennenlernen will. Dabei wird es am Ende dieser Reise kein Zertifikat geben. Kein Abschlusszeugnis, in dem steht: Jessica Schober hat alle Stationen der Wortwalz gemeistert. Ich weiß nicht mal, ob diese Reise überhaupt ein Ende haben wird. Ich will ruhiger werden. Es gibt Medikamente gegen Antriebslosigkeit. Aber gibt es auch ein Mittel gegen Antriebsüberschuss? Der wunderbare Sänger Gisbert zu Knyphausen hat eine Antwort versucht: Gegen Fernweh hilft immer nur Heimweh.

Fußstapfen statt Fußfassen

4

Ab in den Süden – Nächte auf der Kuhweide und im Kloster

»Hallo Fans«, brüllt Busfahrer Andi ins Mikrofon, »schaut mal auf Platz 42, da sitzt unsere neue Mitfahrerin, dat is ne Journalistin, also passt auf, was ihr erzählt!« Der Reiseleiter, die Lippen beim Sprechen fest ans Mikrofon gedrückt, moderiert mit der Routine eines Kirmesverkäufers. Ein Bus voller Senioren kichert. Soweit die Halswirbel es zulassen, drehen sich 49 Graumelierte und weiß gelockte Dauerwellen nach hinten zu mir um. Es ist 8:05 Uhr morgens an der Grenze zwischen Thüringen und Sachsen-Anhalt. Der Reisebus der Firma Gotsch-Reisen aus Eisenhüttenstadt und seine betagten Gäste in vorzugsweise beiger Freizeituniform sind die Einzigen, die um diese Uhrzeit schon am Rasthof der Autobahn stehen. Und ich. Erste Pipipause auf dem Weg Richtung Süden.

Neben Roswitha und hinter Renate habe ich in der vorletzten Reihe meinen Platz gefunden. Zwischen zusammengerechnet 148 Jahren lebensweiser Heiterkeit in flamingofarbenen Baumwollblusen, mit Ärmeln in Dreiviertellänge. Den leichten Fliederduft aus dem Flakon wird eine der beiden Damen heute Morgen sachte aufs Handgelenk und hinters Ohrläppchen getupft haben. Ich bin gut aufgehoben. Sitznachbarin Roswitha will gerade fragen, warum ich an der Autobahn einfach so bei fremden Menschen in den Bus steige. In dem Moment flutscht Renate aber ein hart gekochtes Ei aus der Tupperdose in ihrem Schoß. Es rollt und kugelt durch den Gang. Alsbald rollen und kugeln sich auch die Insassen, vor Lachen.

Dieser Lift katapultiert mich in die Vergangenheit. Die Rentnerinnen lassen für mich ihr Leben Revue passieren. Roswithas Biografie: 71 Jahre, den Großteil davon verbracht in der Backstube ihres Mannes in Eisleben. Nach einem Leben als Hausfrau und Mutter hat sie sich dann noch mal aufgemacht. Ist mit dem Sohn nach Australien gereist, zum Great Barrier Reef, zur Harbour Bridge, später über den Pazifik nach Los Angeles, San Francisco, »gewohnt haben wir in Hollywood«. Heute genügt ihr die Butterfahrt mit dem Busunternehmen Gotsch. »Jetzt, wo die Männer alle tot sind, da fahren wir eben zusammen ins Zillertal.« Die zwei Freundinnen haben Schnaps im Handgepäck. Im Busradio singen die Flippers von St. Tropez und vom »Zauber unserer Nacht«. Busfahrer Andi reißt Zoten. Roswitha schaut aus dem Fenster. Sie sagt: »Ich habe die Welt gesehen. Da bin ich froh drüber. Es gibt keinen Ort, wo ich noch hinmuss.«

Ich schlucke, als ich das höre. Roswitha ist die Erste, der ich es verzeihe, dass sie ihr Fernweh verstaut hat. Wer weit gereist ist, muss nicht mehr weit reisen. Oder? Vielleicht verliert das Unterwegssein unterwegs seine Dringlichkeit. Oder das Gegenteil ist richtig und ich werde mich doch einnisten in der Nestlosigkeit.

Rückblende zum Vortag: Kleinhelmsdorf hieß der Ort, an dem ich gestern Abend gestrandet war. Ein Dorfname wie vom Wunschzettel einer Provinzforscherin. Ausfahrt Droyßig, unweit von Krauschwitz und Nöbeditz. In der Nähe von Oberkaka und Unterkaka. Hier liegt der Hund begraben. In Kleinhelmsdorf sind die Fahrbahnränder fransig von der Wucht der Lastwagen, die versuchten, sich auf der schmalen Piste auszuweichen. »Der Straßenbelag wurde strukturschwach, sprich: holprig. Jetzt gab's auch notleidende Häuser, sprich: verfallen. In den Vorgärten nickten meterhohe Sonnenblumen mit riesigen gedankenlosen Köpfen«, schrieb Arno Geiger mal über eine Fahrt ins Wiener Umland. Die Worte passen auch hier auf dieses Grenzgebiet im Niemandsland. Ein Leser der *Mitteldeutschen Zeitung* hatte sich bei der für Kleinhelmsdorf zuständigen Lokalredaktion über den Straßenzustand im Burgenlandkreis beschwert. Daraufhin wurde recherchiert. Zitat aus dem Artikel: »Bereits im letzten Jahr hat der Kreis die Randbereiche ertüchtigen lassen. Zum Teil wurde sogar eine bituminöse Ertüchtigung der Randbereiche durchgeführt.« Es ist also alles tüchtig in Ordnung in Kleinhelmsdorf.

Als ich abends durch das Dorf schlendere, kommen mir kurz Zweifel an meinem Faible für die Pampa. Deutschland sitzt vorm Fernseher und guckt *Tagesschau*, ich tappe durch Ostdeutschland und suche ein Bett. In Kleinhelmsdorf ist das ein großes Unterfangen. Menschen, die Gardinen zuziehen. Menschen, die mit aufgestützten Unterarmen an Gartenzäunen stehen und den Kopf schütteln. Menschen in Kittelschürzen, die eilig hinterm Schuppen verschwinden. Kein guter Gastgeber in Sicht. Also laufe ich zu dem einzigen Haus in dem 300-Seelen-Dorf, auf dessen Giebel *Gasthof am Anger* steht. Heute ist Montag, keine Fremdenzimmer frei. Aufgeschlossenheit nur während der Öffnungszeiten. Ich klingele hartnäckig, bis Gastwirt André dennoch die Tür öffnet. Ein fleischiger junger Mann. Er ist alleinstehender Lasterfahrer und nebenberuflicher Landwirt, seitdem er vom alten Hof der

Eltern, einer einstigen landwirtschaftlichen Produktionsgenossenschaft, nicht mehr leben kann. Vom Bauernstand ist ihm nur ein Hobby geblieben: Es heißt Enzo, ist ein Zuchtbulle und wird heute Nacht mein Stallnachbar sein.

Bauer André lässt mich nicht für lau in sein großes, leeres Gasthaus, aber auf seiner Bullenweide darf ich schlafen. Schwarz, zottelig und zeugungsfähig ist das Viech auf der Koppel. Enzo schnaubt. Der kleine schwarze Zuchtbulle und ich arrangieren uns für die Nacht. Zwischen Strohballen und Bullendung finde ich ein freies Plätzchen. Ich lege meinen Schlafsack ins Vollmondlicht und versinke in unruhigen Träumen. Laute Lastwagen donnern auf der nahen Autobahn, der Große Wagen am Himmel steht still. Gerädert räume ich morgens mein Lager auf dem Bauernhof. Ich esse einen Müsliriegel und mache mich auf den Weg zur Raststätte. Glasmurmelgleich hängt der Tau an den Grashalmen. Enzo steht noch immer unbewegt da, wo er gestern stand. Potenz auf vier Beinen, stumm und einsam. Ich winke ihm zum Abschied. Der Zuchtbulle, der hat ein Leben: Essen und Sex, sonst nichts! Nur tauschen möchte ich nicht mit ihm. Ich lebe lieber ohne Zaun.

Über Betonplatten laufe ich zurück an die Autobahn. Ein verlassener Flachbau mit zerborstenen Scheiben steht am Wegesrand, von Unkraut umwuchert. Es ist ein Moment, für den ich mir Filmmusik wünsche. Ein unsichtbarer Regisseur auf meiner Schulter soll nicken und sagen: »Und, bitte, wo bleiben die Geigen?« Jemand hat ein Graffito hinterlassen, blassbunt, halb verwittert. Meine Augen tasten die krakeligen Buchstaben ab, bis ich endlich entziffern kann, was auf der Mauer geschrieben steht: »Dir kann nichts passieren.« Danke, Mathilda.

Trampenderweise geht es weiter. Das Mitgenommenwerden ist zu meinem Modus Vivendi geworden, die Hemmungen sinken. Wenn es einen Muskel gibt, den ich gar nicht genug stählen kann, dann ist es der Mutmuskel. Er scheint mir fest verwachsen mit dem Finger, der beim Trampen in den Himmel zeigt. Die Sehne zwischen Daumen und Zeigefinger streckt sich. Das Sehnen nach der Ferne wächst. Mein Daumen, der sonst nur übers Telefon wischte oder über die Tastatur huschte, reckt sich. Wie ein neugieriges Wiesel schaut er am Autobahnrand in die Luft, herausfordernd, fordernd. Ich weiß, ich bin eine Zumutung für jeden, der weiterfährt. Die Autofahrer, die nicht anhalten, tun mir seltsam leid. Wahrscheinlich rattert ihnen durch den Kopf: »Himmel, was macht das Mädchen da? Nein, die kann ich nicht mitnehmen jetzt, man nimmt doch keine Fremden mit! Wo will die wohl hin, warum steht da eine Frau alleine am Straßenrand? Warum geht sie nicht zum Bahnhof? Nein, die kann ich wirklich nicht mitnehmen!« Und wenn ihre Gehirne all dies in Sekundenbruchteilen gedacht haben, dann sind sie auch schon an mir vorbeigefahren. Die armen Verweigerer. Sie können ja nicht anders.

Es gibt sie aber doch. Die, die anders können. Die mir ihre Beifahrertüren und Herzen öffnen, die mir Vertrauen im Vorschuss bieten. Die so, wie der Erfurter Sänger Clueso singt, zu mir sagen: »Ich kann dich, wenn du willst, gern ein Stück mitnehmen, und es geht los, von jetzt auf gleich, wenn dich traust.« Roswitha und Renate, die reizenden Rentnerinnen im Reisebus sind nur zwei von vielen, die mich rühren. Eine lose Liste meiner Lifts der letzten 48 Stunden:

Erstens: Eine Boutiquebesitzerin, die mich in ihrem VW Sharan zum Kaffeetrinken zu ihrer 90-jährigen Mutter verschleppte. Die feingliedrigen Falten im Gesicht der alten Dame glichen ihrer Handwerkskunst: Sie war gelernte Heraldikerin, also Wappenkünstlerin, und hatte schon Fahnen für Königshäuser gestickt, wovon sie wunderbar verwobene Geschichten erzählen konnte.

Zweitens: Ein dänisch-thüringischer »Schweineproduzent«, wie er sich selbst nannte, ein sympathischer Herr mit großen Händen, tausenden Säuen auf seinem Hof und Angst vor der Afrikanischen Schweinepest. Er fuhr Mercedes S-Klasse, hegte Argwohn gegen Journalistinnen und Vegetarierinnen, und wenn beides in einer Person zusammentraf, dann fand er das beinahe genauso schlimm wie die Afrikanische Schweinepest.

Drittens: Eine Krankenschwester im Renault Clio, die in einer bayrischen Methadonklinik arbeitete und mir erzählte, dass das größte Problem der Drogenabhängigen in Augsburg zurzeit süchtig machende Badesalze seien, weshalb die Stadt unter Kennern auch »Saltcity« genannt werde.

So geht es in einem fort. Das Trampen ist jedes Mal ein wilder Ritt in eine fremde Welt. Ein Panoptikum. Im Englischen heißt es über Hitchhiker, sie genössen einen *Free Ride*. Wer beim Trampen mitgenommen werden will, bucht also ein Ticket in die Freiheit. Wohin? Zweitrangig. Trampen findet an keinem geografischen Ort statt. Es ist nicht wichtig, ob wir auf der A7 Richtung Norden oder auf der A4 Richtung Osten fahren. Trampen spielt in einem Transitbereich. Die Menschen, die dich mitnehmen, betreten mit dir ein kleines schwarzes Loch. Sie lassen die Luken auf und erzählen ihre Geschichte. Zeit und Raum rücken an den Straßenrand, bleiben außerhalb der Karosserie.

Flasche halb leer, Kopf voll: Erst wird der Wodka drunter verbuddelt, dann fliegt der Rucksack übers Ortsschild – und dann lande ich auf der Straße. Ich gehe los, ohne mich noch mal umzudrehen.

Nach Hausen

Nach Hausen geht's hier entlang: Die erste Nacht im Tausendsternehotel (links). Ich übe trampen und übernachte im Gartenhäuschen namens »Rimini« (unten). Übrigens: Das geschenkte Fahrrad steht noch heute in Bayreuth beim Nordbayrischen Kurier. Falls jemand es zurück nach Ingolstadt fahren möchte, nur zu.

Ist Journalismus ein Handwerk? Der einheimische Wandergeselle Kamerad Zopf erklärt mir die Reisetradition der Walz (oben). Beim Herausgeber des Harburger Blattes, Peter Noßek, übe ich Lokalberichterstattung (unten). Nur die Nacht mit Obdachlosen unter dieser Hamburger Brücke steckt mir noch in den Knochen (rechts). Nächste Seite: Das Gesellschaftsfoto der Sommerbaustelle 2014 in Kücknitz. Sie finden mich beim Pferd.

SOMMERBAUSTELLE 2014
Geschichtserlebnisraum
Lübeck-Kücknitz

BAYSIDE
ATHLETICS

Marienwerder 44p
SPORT
HANNOVER

www.gotsch-reisen.de

Abenteuer Autobahn: Ein Rentnerbus nimmt mich mit nach Süden (links unten). Neben Kollegin Hanna zeige ich bei der *Hannoverschen Allgemeinen Zeitung* symbolträchtig auf Layouts (links oben). Nachdem ich aus Burgdorf wieder aufgebrochen bin, verbringe ich eine Nacht mit Enzo. Er ist Zuchtbulle und teilt mit mir die Weide.

Ein Bett im Kloster: Ja, das ist immer frei. In Landsberg laufe ich zuerst durchs Bayerntor (links) und finde schließlich bei den Dominikanerinnen Unterschlupf (links und rechts oben). Juchei, heute mal nicht unter der Brücke schlafen (rechts unten)!

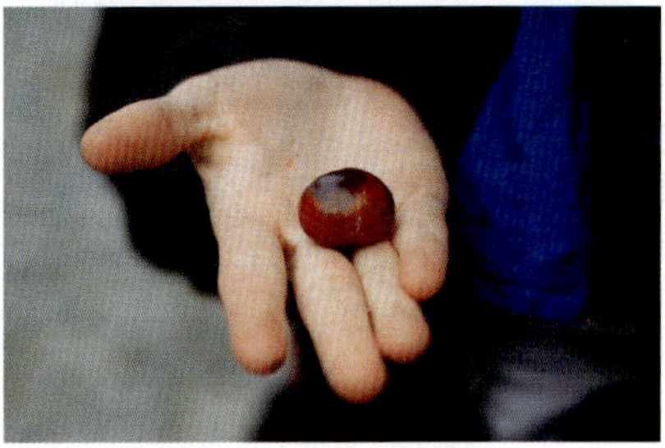

Geh weiter, wenn der Nachbarshund nicht mehr bellt: Schreinermeister Michael zeigt mir sein Wanderbuch (links oben). Von der Schwäbischen Post in Aalen breche ich sodann auf und laufe den Albstieg entlang. Bis mich beim Trampen die Feuerwehr Oberweier einsammelt. In ihrem neuen Löschfahrzeug, ja. Lauter Geschenke am Wegesrand.

Heimkommen ist schwerer als Losgehen: Der freireisende Bäcker Simon kehrt nach fast vier Jahren zurück nach Lörrach. Seine Tippelbrüder und Tippelschwestern begleiten ihn nach Hause. Und ich suche den Weg.

Lörrach

Heimat am Stil: Als es Zeit ist, nach München zurückzukehren, ist nicht nur mein altes Ortsschild entwurzelt. Ich bin es auch. Die Straßenbauarbeiten werden für mich zum Symbol, dass da etwas aufgerissen ist. Also nehme ich selbst bald wieder Reißaus. Bis dahin bin ich eine »Scheinheimische«, wie die Wandergesellen sagen.

Der Raum, in dem wir trampen ist ein Paralleluniversum. Unsichtbar für die Zugfahrer, die ICE-Artisten hinter ihren Laptops. Sie verpassen das Wilde und das Weite, das Abenteuer Autobahn. Zwischen Sanifair-Toiletten und Männern, die an Zäune pinkeln, gibt es etwas Magisches zu entdecken: Die Schönheit des Zufalls. Oder besser: Die Schönheit von Überzufälligkeiten. Ich stelle mir das oft vor, während ich meine Sachen packe, meinen Rucksack schultere und langsam Richtung Autobahn marschiere, dass gerade jetzt der Mensch losfährt, der mich in 23 Minuten mitnehmen wird. Ich male mir aus, wie der Milchsammler, der Feuerwehrmann, die Bombenentschärferin sich in diesem Moment, also genau rechtzeitig, auf den Weg machen. Wie mein zukünftiger Lift knapp eine grüne Ampel verpasst, weil er noch warten muss. Damit er mich später erwischen kann. Wir dürfen jetzt beide keinen Fehler machen. Ich darf nicht zu früh bei einem anderen Fahrer einsteigen, darf nicht zu früh aufgeben, mich nicht vom Weg abbringen lassen. Und mein zukünftiger Lift muss vielleicht noch an der richtigen Stelle eine Frau mit Kinderwagen über einen Zebrastreifen lassen. Alles muss perfekt choreografiert sein, damit wir uns überhaupt treffen können. Damit überhaupt diese absurde Nähe in einem kleinen Blechkasten zustande kommen kann, während wir dann mit 140 Stundenkilometern über den Asphalt schießen. Wir werden uns vielleicht nicht gleich erkennen, mein heutiger perfekter Lift und ich, aber wir müssen uns jetzt in genau diesem Moment auf den Weg machen, damit wir uns treffen können.

Noch nie habe ich mich unwohl gefühlt auf dem Beifahrersitz, aber schon oft habe ich gestaunt. Über Skurriles, über Alltägliches. Väter, die ihre Söhne zum Fußball fahren. Frisch verliebte Pärchen, die eine neue Matratze im Anhänger durch die Gegend kutschieren. Studentinnen im VW Polo, die ein Auslandssemester planen. Es sind ganz normale Leute, die mich mitnehmen. Einige sind früher selbst getrampt. Andere sagen, sie wären nie auf die Idee gekommen, jemanden mitzunehmen, wenn ich sie nicht so direkt angesprochen hätte. Meine Freundin Vivian, die mich jetzt für ein Wochenende begleitet, sagt nach einem langen Tramptag mit acht Lifts euphorisch: »Die Menschen haben alle ihr Leben.«

Ich freue mich über dieses Wiedersehen an der Autobahn. Vivian, Freundin, Kollegin, Wegbereiterin, ist neugierig geworden aufs Trampen. Wir wollen rausfinden, ob es auch zu zweit klappt. Und es ist schon schön, ein vertrautes Gesicht zu sehen. Da ist ja auch viel Vermissen bei all dem Abenteuer. Vivian ist gut vorbereitet, sie hat uns eine Tupperdose gepackt. Obst- und Gemüseschnitze darin. Wir nehmen kichernd die geschälten Karotten in die Hand und halten sie den Autofahrern an der Auffahrt entgegen. Wir probieren es auch mit selbstgerupften Blumensträußen vom Straßenrand. Locken lässt sich lange keiner von der langhaarigen Blondine und der kurzhaarigen Brünetten an der Ausfahrt. Es ist viel schwerer zu zweit zu trampen als alleine. Aber wir sehen gut aus dabei. Als uns endlich jemand einsteigen lässt, dauert es lange, bis die zwei gackernden Frauen auf der Rückbank zu einer erzählbaren Variante der Wirklichkeit gefunden haben, warum sie mit Möhrchen und Blumen am Straßenrand winken.

Ankunft in Landsberg. Wir ahnen noch nicht, was uns erwartet. Nirgendwo sonst wird es auf dieser Reise so schwer werden, einen Übernachtungsplatz zu finden, wie hier im Allgäu. Als wir ankommen, ist es bereits Abend. Ich laufe durch das spätgotische Bayerntor. Es beginnt zu regnen. Ich frage im Restaurant, im Hotel und bei Passanten nach einem kostenlosen Schlafplatz. Überall heißt es: Geht nicht. Auf dem Campingplatz, im Wirtshaus, im Vorraum eines Massagestudios. Kein Ort, nirgends. Der Nachtportier eines Viersternehotels schickt mich zur Polizeistation, dort solle ich fragen. Der diensthabende Beamte zuckt mit den Schultern. Mir dämmert: Polizeistationen sind keine Zimmervermittlungen. Vivian rollt scheu mit den Augen. Ob wir uns nicht doch ein Hotelzimmer nehmen könnten? Nein.

Schließlich schickt man uns ins Kloster. Zu den Dominikanerinnen. Schwester Ulrike bleibt für uns länger wach, nimmt zwei regennasse Frauen in Empfang. Sie lächelt milde und bittet um eine freundliche Rezension im Gästebuch auf der Internetseite des Klosters. Der Deal: Wir dürfen im Gemeindehaus schlafen, wenn wir den Morgengottesdienst um 8 Uhr besuchen. Wir bauen uns ein Bett aus den Stuhlkissen im Gebets- und Gesangszimmer. Am Rande des Klostergeländes ist eine Containersiedlung für Flüchtlinge. Ich sehe die Lichter in den Wohnboxen leuchten und denke über Gastfreundschaft nach. Heute war es alles ein bisschen viel, aber schön. Meine Freundin Vivian und ich, wir haben Zartbitterschokoladeneis gegessen und über den Tod geredet. Wir haben verdammtes Glück im Leben. Am nächsten Morgen gibt es für uns nicht nur Frühstück mit Filterkaffee unterm Kruzifix, sondern auch den warmherzigen Reisesegen von Schwester Ulrike: »Geh mit Gott.«

Ich wandere weiter. Jetzt allein. Vivians Begleitung hat mir gutgetan. Hat mir gezeigt, wie kräftezehrend das wirklich ist, was ich hier mache. Und zugleich wie wunderschön. Ich laufe an der Reklametafel einer Fahrschule vorbei. Darauf steht: »Bestimme deine Abfahrtzeit selbst.« Ich wandere Richtung Ostalbkreis. Sitze auf einer Rastbank an der Bundesstraße B16, mit Blick auf eine Schrebergartenanlage. Wohlgeordnete Idylle nach Pflanzvorschrift. Deutsche erkennt man an ihrem Kompost und ihren Komposita: Kleintierzuchtverein Oberkochen. Radwanderweg Schwäbische Alb. So lauten die Schilder hier.

Unterwegs sammle ich Kastanien. Rotbraune Handschmeichler, herbstliche Früchte, die ich so mag. Es ist auch die Zeit, in der die süßsäuerlichen, leicht runzligen Äpfel von den Bäumen fallen. Geschenke vom Himmel. Ich gucke mir die Natur an. Gucke der Zeit beim Vergehen zu. Morgens brauche ich jetzt immer länger, um mich zu erinnern, wo ich bin. Muskelzucken in den Beinen. Nervenzucken im Kopf. Wenn ich gerade nicht durch die Gegend stromere oder mich durchs Laub wühle, schreibe ich Postkarten an meine Unterstützer. Der Gedanke an die zahlreichen Menschen, die beim Crowdfunding mitgemacht haben, treibt mich voran. Manchmal stelle ich mir vor, dass ich stellvertretend für sie auf Reisen gehe und deshalb nun auch mal hurtig, hurtig was erleben muss.

Verrückt, dass unterwegs immer das Fernweh wuchert. Wo man auch hinfährt, die nächsten Reisepläne sind schon im Gepäck. Es ist die alte Krux. Kaum bin ich irgendwo angekommen, muss ich Reißaus nehmen. In Burgdorf, dem Ort, wo ich aufwuchs, habe ich es kaum eine Woche ausgehalten. Musste wieder Fußstapfen in die Welt setzen, statt Fuß zu fassen. Die alten Schulkameraden mit ihren Kaufmannslehren und Klinkerbauten dürfen ja gerne da bleiben, wo wir damals Abitur gemacht haben. Die kümmern sich in Niedersachsen um den Erhalt der menschlichen Spezies. Ich hingegen habe ein wichtiges Meeting. Mit Mathilda.

Ich bin losgelöst. Ich habe keinen festen Wohnsitz, keinen festen Job, der auf mich wartet. Da ist keine feste Partnerschaft, die auf mich wartet. Das alles hatte ich schon mal, recht früh sogar. Jetzt bin ich völlig raus aus meinem Alltag. Und dennoch verbunden mit der Welt, verletzlich, abhängig von der Zuwendung anderer Menschen. »Du bist kein Eremit«, sagt eine Freundin zu mir. »Na gut«, sage ich, »dann aber ein Streuner.« Wenn ich die Wahl habe – und so langsam begreife ich ja, dass ich die habe – dann entscheide ich mich jetzt und hier für Wohnungslosigkeit, für Verzicht, für Liebe und für Landschaft, kurz: für meine Freiheit.

Seit ich die Regeln der Walz auf meine Reise anwende, bin ich zwar oft zunächst hilfsbedürftig, aber nie hilflos. Ich merke: Wer etwas haben will, muss den Mund aufmachen. Ich muss sagen, was ich brauche. Dann steigt die Wahrscheinlichkeit, dass ich es bekomme. Hallo, darf ich bitte kurz bei Ihnen duschen? Hätten Sie etwas Trinkwasser? Wissen Sie, wo es hier entlang geht? Es ist ein mittlerweile vertrautes Muster, dass Menschen mir helfen. Mich mitnehmen, mich aufbewahren, mich versorgen, weil ich sie darum bitte. Manche treffe ich sogar wieder. So wie jetzt Jürgen. Den Campingwagenfahrer, der mich von Harburg nach Hannover brachte. Wir verabreden uns und er sammelt mich im Schwäbischen am Straßenrand ein.

Offenbar hat unsere kurze Begegnung an der Autobahn vor einigen Wochen Spuren bei Jürgen hinterlassen. Er war derjenige, der mich damals fragte, ob Wandergesellen nicht einfach drei Jahre ihres Lebens verschwendeten. Nun hat der geschiedene Mittfünfziger selber Fernweh und zudem ein ausgedrucktes Foto von mir an seinem Bildschirm hängen. Das finde ich ein bisschen rührend und gruselig zugleich. Ich liege auf dem Gästebett in seinem Arbeitszimmer, unter einer Bratsche und einer Modelleisenbahnsammlung an der Wand. Jürgen liebt seine Katze Lilli. Und Squaredance, dabei hat er ein Knochenmarksödem im rechten Knie. Jürgen ist Skiabfahrtsschiedsrichter des Nattheimer Skivereins, dabei ist er noch nie Ski gefahren. Er ist Schriftführer beim Freundeskreis Asyl Heidenheim. Und auch Schriftführer im Schmalspurradbahnverein. Gestern hat er mir Schloss Neresheim, eine Köhlerei und eben diese Schmalspurradbahn gezeigt. So ein guter Mensch. Zum Abschied drückt er mich mit zittrigem Kugelbauch. In einigen Monaten wird er einen Jahresrundbrief an seine Freunde und Verwandten schicken. Darin wird stehen: *»Auf der Heimfahrt nahm ich in Harburg eine Anhalterin mit – eine junge Journalistin auf der Wortwalz. Jessica versteht ihren Beruf als Handwerk, eine faszinierende Idee. Aus zwei Stunden Autofahrt wurden aufgrund von etlichen Staus sehr unterhaltsame vier Stunden. (…) Kaum ein paar Wochen später, »stand« Jessica wieder vor meiner Haustür. Wir konnten unsere Staugespräche fortsetzen. Es war ein schöner und anregender Abend. Am anschließenden Montag besuchte sie die Schwäbische Post in Aalen, um ihrer Arbeit als Journalistin nachzugehen.«* Dem ist nichts hinzuzufügen. Außer: Dankeschön.

Ostalbtraum in Aalen – Wie ich das Bleiben verlernte

In Wahrscheinlichkeitsrechnung bin ich eine Null. Mein alter Mathelehrer Herr Fritzsche könnte davon ein Liedchen singen. Trotzdem frage ich mich oft, wie hoch eigentlich die statistische Wahrscheinlichkeit ist, dass ich all die Wunder am Straßenrand entdecke. Die Dinge, die dort versteckt sind, muss ich ja auch finden. Ich könnte genauso gut daran vorbeilaufen. Wäre sicher nicht die Erste, die wegen einer verrutschten Kontaktlinse das Wesentliche in der Welt übersieht. Was sorgt also dafür, dass ich stehenbleibe? Manchmal habe ich das Gefühl, mein Leben ist ein Super-Mario-Spiel. Wie bei einem Gameboy aus den 90ern muss ich eine kleine knubbelige Figur mit Hütchen durch ein Labyrinth lotsen. Mal muss Super Mario zur nächsten Treppenstufe springen, mal eine Blume essen, mal schießen. Und manchmal muss Super Mario sich auf einen Kaminsims stellen und in die Hocke gehen. Dann taucht er ab in einen Keller, die Musik ändert sich und er entdeckt eine unterirdische Schatzkammer. Was er dort findet, saugt er auf. Mit etwas Glück springt ein Leben mehr dabei heraus.

In Aalen gehe ich genauso wie Super Mario drei Schritte in die Stadt hinein. Ich gehe in die Hocke. Eine geheime Schatzkammer öffnet sich. Vor mir liegt ein Glückskekszettel. Die Botschaft: »Du kannst eine Pause einlegen.« Wie hoch war sie

nun, die Wahrscheinlichkeit, diesen perfekten Zettel zu finden?

Ich frage mich durch zur Redaktion der *Schwäbischen Post*. Das nächste Level im Spiel. Ich spreche beim Chefredakteur um Arbeit vor, bekomme einen Schreibtisch in einem fensterlosen Raum zugewiesen. Neben mir sitzt Dagmar, die Kulturredakteurin der Zeitung. Sie dreht sich zu mir und sagt: »Du kannst gern eine Woche lang bei mir bleiben, du darfst eine Pause einlegen.«

Ich hatte mir im besten Sinne ein Frauenzimmer gewünscht, eine Bleibe in weiblicher Gesellschaft. Wollte mal nicht im Wald übernachten, nicht im Kloster oder bei Lastwagenfahrern. Sondern an einem Ort, wo die Bettwäsche frisch riecht und ein Föhn im Bad zu finden ist. Mit etwas

Glück sogar Wattepads. Bei Dagmar ist es genauso, nur noch besser. Eine liebevoll eingerichtete Wohnung in Rot- und Pinktönen, bewohnt von Dagmar, Tochter Lina, 13, und Rowdy, dem fetten Kater. Bei der Kulturredakteurin fühle ich mich so wohl, dass ich nicht mehr gehen will. Ich darf Radfahren, Gesichtsmasken auflegen und bekomme Joghurt mit Amaranth zum Frühstück. Die Wohnung in den Aalener Hügeln bekommt ganz schnell einen neuen Namen: Dagmarhausen.

Zu dritt spielen wir in Dagmars Wohnzimmer ein Gesellschaftsspiel. Es trägt den fantastischen Namen »Finden Sie Minden« und handelt von den deutschen Regionen und Landstrichen. Wer weiß, wo der Hunsrück, der Darß oder eben Minden liegen, der gewinnt. In diesem Brettspiel bin ich jetzt unschlagbar. Mein geografisches Wissen ist im Moment aufgefrischt wie seit der letzten Erdkunde-Prüfung zu Schulzeiten nicht mehr. Durch das Trampen und Wandern finde ich mich plötzlich in Deutschland ganz anders zurecht. Auch so eine Nebenwirkung der Walz. Sie macht einem das Land, das vor der Haustür liegt, vertrauter. Einige Wandergesellen haben mir erzählt, dass sie beim Losgehen nicht nur eine Flasche Schnaps unterm Ortsschild vergruben, sondern auch eine selbst gemalte Karte. Darauf sollten sie spontan aus dem Kopf Deutschland skizzieren. Auf Zuruf sollten sie dann Orte einzeichnen. Wenn einer aus der Runde rief »Völkerschlachtdenkmal« und der Jungsche den Punkt für Leipzig grob nach Sachsen-Anhalt verpflanzte, wurde gekichert. Doch wenn der Geselle dann nach drei Jahren und einem Tag, weitgereist und welterfahren, zurückkam, durfte er nochmals eine Karte zeichnen. Dieses Mal mit dem geballten Orientierungswissen der Reise. Die alte Zeichnung dann ausgebuddelt, daneben gelegt, gestaunt. Eine Schatzkarte des Herzens, ein innerer Kompass.

Soweit bin ich noch lange nicht. Aber immerhin weiß ich jetzt, wo die Schwäbische Alb liegt. Und dass es dort im Schnitt drei Grad kühler ist als anderswo, weshalb das Plateau von Einheimischen liebevoll Schwäbisch-Sibirien genannt wird. Dort, wo ich gerade wohne, ist es aber muckelig warm. Es ist »herzerwärmend schön«; mit diesen Worten hat Dagmar einen Text in der aktuellen Ausgabe der *Schwäbischen Post* überschrieben. Die Kulturredakteurin beeindruckt mich. Ich mag Frauen wie Dagmar, so will ich später auch mal sein. Lässig, lustig. Früher hat sie gegen den NATO-Doppelbeschluss demonstriert, war rebellisch. Heute liegt sie mit ihrer Tochter auf dem Sofa, streichelt das Haustier und legt Kuschelrock von Sting auf. Dagmar, die Powerfrau, ist seit einigen Jahren Witwe. Sie gibt alles für ihren Job. Und hat dabei das Lachen nicht verlernt. Dagmar stellt kluge Fragen und sieht gut aus dabei. Auf ihrer Veranda lese ich im Liegestuhl zur Abwechslung mal eine Frauenzeitschrift. Da dämmert mir, dass ich jetzt seit Monaten die immergleichen zwei Hemden trage. Variationen aus hellgrün und blau kariert. Ich hätte nie gedacht, dass ich das mal sage, aber: Manchmal vermisse ich Mode. Mich ausdrücken können mit einer albern gemusterten Leggins oder einem Blumenkleid mit Glockenrock. Immerhin darf ich bei Dagmar Wäsche waschen. In der Redaktion stellt sie mir in der Mittagspause eine Tube Pferdesalbe auf den Tisch, weil ich gejammert habe, dass mein Rücken so wehtut. Abends gucken wir zusammen Sternschnuppen auf der Dagmarhausener Veranda.

Dagmar: »Man geht seinen Weg, anders als geplant.«

Ich: »Hm.«

Dagmar: »Bist du verunsichert, wohin dein Weg führt?«

Ich: »Ja schon. Aber im Gegensatz zu früher, traue ich mich jetzt, das auch so zu sagen.«

Dagmar: »Manche hängen halt nicht so an der Scholle.«

Ich: »Genau, das ist es. So bin ich.«

Dagmar: »Aber du hast doch einen Hafen. München!«

Ich: »Neee, das ist kein Hafen«

Dagmar: »Na dann eben eine Bucht. Eine Anlegestelle. Das ist doch auch schon mal was.«

Bei der Lokalzeitung arbeite ich tüchtig mit. Es ist die sechste Redaktion, die ich besuche und ich muss sagen: Die machen hier ein gutes Blatt. Die *Schwäbische Post* sieht zwar layouttechnisch aus wie irgendeine trutschige Lokalpostille, aber die Redaktion ist gerade im Umbruch. Mit dem Chefredakteur Lars Reckermann verbindet mich nicht nur, dass wir – wie man hier so sagt – als »Reingeschmeckte« über viele schwäbische Besonderheiten staunen können. Auch das Wandern ist eine Gemeinsamkeit. Als der Westfale Reckermann vor gut einem Jahr die Chefredaktion der kleinen Zeitung übernahm, startete er einen Blog und ging mit seinen Lesern auf Wanderschaft. Er suchte sich immer ein neues Dorf aus, fand sich um 10 Uhr vorm Rathaus ein und wanderte mit denen durch die Gegend, die sich dazugesellten. Am Anfang waren es drei Mitwanderer. Am Schluss über 70. So zeigt man den Menschen: Die Zeitung ist auch für euch da. Der Chefredakteur hat sich voll auf die Region eingelassen und ist mit seiner Familie raus aufs Kaff gezogen. Sein Plädoyer für Stammtischreporter:

»Wir Journalisten haben verlernt, vor Ort zu sein. Wir haben verlernt, einfach mal auf Geschichtensuche zu gehen, nicht zu wissen, was geschieht. Wir haben verlernt, keine Sicherheit im Outlook-Kalender zu haben, der uns sagt, wo und wann wir zu sein haben, um an eine Geschichte zu kommen.«

Der Meisterschnack mit Reckermann wird ein Vergnügen. Eines seiner Bonmots: »Journalismus ist ein Handwerk. Das lernt man, wie 'ne Mauer hochziehen.« Ältere Kollegen bezeichnet er freundlich als »fossile Wissensträger«. Er findet, dass Neugierde ein Schulfach sein sollte und dass man über die Provinz nicht provinziell berichten muss. Er haut Sätze raus, die einfach so stehen bleiben können: »Wenn ein Ort 60.000 Einwohner hat, dann hat er auch 60.000 Geschichten.« Seine Leser sieht Reckermann zuweilen als imaginäre Pappaufsteller vor sich, an denen er zum Feierabend vorbeigeht und fragt: »Hatten wir heute etwas für Sie im Blatt?« Der Chef war auch dabei, als die Redaktion ein *Stromberg*-Video nachstellte, der schämt sich für nichts. Auf seiner ersten Weihnachtsfeier verteilte er rotblinkende Herzchen an die Redakteure und eine selbstgebrannte CD mit Lieblingsliedern. Die Redaktion der *Schwäbischen Post* ist ein wahrer Ostalb-Traum.

Natürlich ist Aalen an sich auch ein spezielles Pflaster. Ein Aalener erklärt mir, den Namen der Kleinstadt im Schwäbischen spreche man so aus: AOaaalaa. Aus Aalen kommt auch Katrin Bauerfeind, die vielleicht klügste Frau im deutschen Fernsehen. Sie schreibt über ihren Heimatort: »Provinz ist auch Zeitmaschine. Wenn man die letzten zehn Jahre im Koma oder im Kongo war, könnte man nach Aalen ziehen und einfach nahtlos weitermachen.« Tchibo, Limes-Thermen, Schwäbische Hüttenwerke. Die Stadt ist überschaubar wie das

Tal, in dem sie liegt. Katrin ätzt: »Und vermutlich macht nächstes Jahr der erste Bubble-Tea-Laden auf.« In dieser stadtgewordenen Bodenständigkeit darf ich für die Lokalzeitung recherchieren, was ich will.

»Polizei rettet Kaninchen« zum Beispiel – diese Meldung machen die Redakteure zum zweiten Seitenaufmacher. Das ist Lokaljournalismus. Ich recherchiere aber auch in der Gemeinschaftsunterkunft für Flüchtlinge. Ich besuche die Landesgartenschau in Schwäbisch Gmünd. Ich porträtiere eine junge Organistin und beobachte sie bei der Generalprobe ihres Prüfungskonzertes in der Stadtkirche St. Nikolai. Ich mache einen Stadtrundgang mit Demenzkranken und schreibe darüber, dass die Teilnehmer immer wieder den Namen des Stadtführers vergessen. Ich besuche den dritten regionalen Holzbautag und spreche mit einem gelernten Zimmerer zum Tag des Handwerks. Ich frage ihn, womit er seine Werkstatt parfümiert. (Antwort: Er lässt Douglasienholz schleifen, bevor Besucher in die Werkstatt kommen, weil es dann so fein riecht.)

Nachdem ich eine Lokalglosse über einen strengen schwäbischen Bademeister in der Limes-Therme geschrieben habe, schickt mir der Zeitungsverleger prompt einen Gutschein für einen weiteren Besuch im Heilwasserbad. Ich bin entzückt. Dass dem Verleger die Lokalredaktion am Herzen liegt, zeigt sich an Details. Hier in Aalen gibt es noch Posten, die andernorts längst abgeschafft wurden. Zum Beispiel eine Korrekturleserin. Die 71-jährige Gerti liest bis spät abends alle Zeitungsseiten gegen und pflückt Fehlerlein heraus. Oder zum Beispiel der Hausfotograf. Der schafft es, die schimmeligen Stellen im

Dach des historischen Museums so schön mit seinem Fish-Eye-Objektiv zu fotografieren, dass man sie sich gern anguckt. Die Angestellten werden nach Tarif bezahlt. Mit 50 Cent pro Zeile und 25 Euro pro Foto verdiene ich hier als freie Mitarbeiterin meinen bisherigen Wortwalz-Höchstsatz. Aber es gibt in dieser Redaktion noch mehr als Geld für meine Reisekasse. Nach einer Woche schenkt mir die junge Kollegin Mali eine kleine kastenförmige Spieluhr. Sie sagt: »Ich weiß, du hast nicht viel Platz in deinem Reisegepäck. Deshalb schenke ich dir etwas, das du sofort weiterverschenken darfst. Gib diese Spieluhr einfach dem ersten Menschen, bei dem du das Gefühl hast, dich bedanken zu wollen.« Gute Geschenke für Reisende sind wie Pfandflaschen, es lohnt sich, sie weiterzureichen.

Außerdem besuche ich in meiner Zeit bei der *Schwäbischen Post* die Schreinerei Kopp in Oberalfingen. Dort habe ich einen einheimischen Wandergesellen ausfindig gemacht. Das war mühsam, aber lohnenswert. Ich porträtiere ihn, nicht ohne egoistischen Hintergedanken. Ich will von ihm wissen, woran ich erkenne, dass es wieder Zeit ist, zu gehen. In Aalen könnte ich doch auch bleiben …

AUF DER WALZ

Ein einheimischer Wandergeselle aus Oberalfingen erzählt unserer Gastreporterin von seinen Erfahrungen auf der Walz

Aalen. Es ist das Holz, das uns verbindet. Er schmirgelt und feilt am Rohstoff. Ich schmirgele und feile am Text, an den Buchstaben, die dann auf totes Holz, also auf Zeitungspapier, gedruckt werden. Handwerk und Journalismus – ein gewagter Brückenschlag. In der Oberalfinger Werkstatt von Schreinermeister Michael Kopp sitzen wir vor haufenweise Holzspänen und Sägemehl. Gerade hat er noch ein Kopfstück für ein neues Bett ausgestemmt. Jetzt reden wir über das, was uns noch verbindet: Die Walz.

Bis 2003 war Michael Kopp auf Tippelei. So nennen Handwerksgesellen die Wanderung, die sie nach ihrer Lehre antreten können. In Hüttlingen kletterte Kopp damals übers Ortschild und verließ seine Heimat, seinen 50 Kilometer weiten Bannkreis. Vier Jahre lang reiste er bei den *Freien Vogtländern Deutschlands*, einem Gesellenschacht, durchs Land. Gekleidet in Kluft, immer mit dabei seinen Wanderstock, den Stenz. Sein Gepäck in ein Bündel geschnürt, den sogenannten Charlottenburger.

Meine Reise durch den deutschen Lokaljournalismus begann ähnlich. Ende Juli bin ich über das Münchner Ortsausgangsschild geklettert und seitdem durch die Republik gereist. Für Kost, Logis und die örtlichen Journalistenhonorare habe ich bei Lokalzeitungen von Pfaffenhofen über Bayreuth bis

Harburg und Burgdorf gearbeitet. Ein Zwischenstopp auf der Wortwalz, auf den ich mich schon lange freute, war die Redaktion der *Schwäbischen Post*. Hier konnte ich lernen, mit wie viel Hingabe auch aus dem hintersten Winkel des Ostalbkreises berichtet wird.

Auf meiner Reise habe ich die Gastfreundschaft und Großzügigkeit der Menschen zu schätzen gelernt. So ist es auch Schreinermeister Michael Kopp auf seiner Walz ergangen. Der 35-Jährige erinnert sich gerne an die Zeit zurück: »Man kommt viel rum und lernt auch sich durchzusetzen.« Zum Beispiel, wenn ein Meister den Lohn mal nicht zahlt. Heimweh hatte Schreinergeselle Kopp kaum: »Ich fand es nie schlimm, dass ich nicht nach Hause durfte.« Seiner Mutter sei es schon schwergefallen, wenn er sich manchmal im Winter meldete und abends bei minus 18 Grad noch keinen Schlafplatz für die Nacht gefunden hatte. Einmal schloss ein Bürgermeister den Sitzungssaal des Rathauses auf, damit er dort mit zwölf anderen Gesellen übernachten konnte.

Kopp wurde von einem sogenannten Exportgesellen auf den Weg gebracht. Der zeigte ihm, wo er Essen und Schlafplätze findet. Die Kluft sei ihm dabei Fluch und Segen zugleich gewesen, erzählt er. Manche hätten ihn damit für einen Zauberer gehalten, ständig sei er auf den Zylinder oder die Schlaghose angesprochen worden. Einmal im Monat trifft er sich noch heute mit seinen Schachtkameraden zum sogenannten Aufklopfen in der Wirtschaft Zur Eintracht in Backnang, selbstverständlich in seiner Kluft. Er hat heute noch Kontakt zu den Meistern, bei denen er gearbeitet hat. In den letzten Jahren sind immer mal wieder Wandergesellen bei Kopp abgestiegen. Wenn die von ihren aktuellen Sorgen erzählen, muss er lächeln. Wo man nachts um drei noch Bier bekommt, treibt ihn heute nicht mehr um.

Auf der Walz ging es Kopp vor allem darum, sich beruflich fortzubilden. Unterwegs lernte er zum Beispiel eine Faltwerktreppe in ein altes Bauernhaus einzubauen. Er deckte ein Dach neu ein, lernte, wie man Möbel restauriert und Bienenwachs selber anmischt. Nach der Walz besuchte Kopp die Meisterschule in Stuttgart. Heute führt er seine eigene Schreinerei für Massivholzarbeiten und einen ökologischen Baustoffhandel. Die Werkstatt ist der ehemalige Schafstall seines Urgroßvaters. Gleich am Ortseingang von Oberalfingen. »Ich hätte mir auch eine 400-Quadratmeter-Werkstatt auf die grüne Wiese setzten können, aber so etwas Unpersönliches hätte ich mir nach meiner Wanderschaft nicht vorstellen können«, erklärt er.

Und wie haben sie ihn nun verändert, die vier Jahre auf Tippelei? Die Walz habe ihn hilfsbereiter gemacht. Als er neulich einen Wagen mit Motorschaden abends am Straßenrand stehen sah, brachte er den Fahrer kurzerhand nach Hause. Ein 30 Kilometer weiter Umweg, der Mitgenommene wollte sich mit Geld bedanken. »Lass gut sein, mir ist auch oft geholfen worden«, entgegnete er knapp.

Als Letztes will ich von dem einheimischen Wandergesellen wissen, wann es Zeit ist weiterzuziehen. »Das spürst du«, antwortet er. »Wenn die Nachbarshunde nicht mehr bellen und dich die Leute beim Namen nennen, dann ist es Zeit, weiterzuziehen.«

FÜNF TIPPS FÜR DIE WANDERSCHAFT VOM EINHEIMISCHEN SCHREINERGESELLEN KOPP:

1. Vermeide beim Trampen die Ferien- und Urlaubszeit. Da sind die Autos voll, weil viele Familien ihre Oma besuchen fahren und keiner dich mitnimmt.

2. Die Kluft kann zaubern. Aber ziehe deinen Hut nicht zu weit ins Gesicht, sonst zögern die Menschen, dich mitzunehmen.

3. Wenn es sehr kalt ist und du keine Platte zum Schlafen findest, frag Passanten, ob sie dir mit ihrer EC-Karte eine Sparkassenfiliale öffnen. Da ist es wenigstens warm.

4. Leg dir eine von diesen gold-silbernen Rettungsfolien unter den Schlafsack, wenn du draußen schläfst - du brauchst keine Isomatte.

5. Verlasse einen Ort wieder, wenn der Nachbarshund nicht mehr bellt.

Ich würde am liebsten in Dagmarhausen rumhängen, bis alle Nachbarshunde Aalens sich winselnd zu meinen Füßen kringeln. Stattdessen kotzt der fette Kater Rowdy ins Wohnzimmer. Ich muss weiter, sonst laufe ich Gefahr, mich einzunisten. Dagmar sagt: »Danke, dass du uns ein Stück weit aufgeweckt hast.« Ich schreibe kleine Bis-gleich-Briefchen und hinterlasse, wie so oft bei meinen Gastgebern, eine kindische Zeichnung und eine Kastanie auf dem Bett. Ich kaufe Proviant im Supermarkt und decke mich ein wie für eine Expedition. Bei Neapolitanerwaffeln stimmt das Verhältnis von Packmaß zu Zuckergehalt, die verstaue ich in den Seitentaschen meines Rucksacks. Dann lasse ich mir die Schläfen abrasieren, jetzt sehe ich aus wie eine Ananas. Ich winke der Stadt und meinen neuen Freunden zum Abschied. Der französische Soziologie Paul Virilio nennt das wohl die »Ästhetik des Verschwindens«. Ich sage: Ich habe das Bleiben verlernt.

Wie weit man kommt, wenn man kein Ziel hat – Über den Albstieg mit Blaulicht nach Lahr

Mitten in der Nacht wache ich unterm Sternenhimmel auf, weil jemand an meinem Schlafsack rüttelt. Der Wind. Ich wache auf, weil jemand heult. Der Wind. Und wieder wache ich auf, weil ich mir sicher bin, die Baumkronen werden gleich über mir zusammenschlagen. Der Wind. Ich liege auf einem Aussichtsturm in 120 Meter Höhe in meinem Schlafsack und will mir offenbar etwas beweisen. Doch diese Nacht ist härter als ich. Was für eine bekloppte Idee.

Stundenlang habe ich durchgeflucht. Und gebibbert. Nachdem ich Aalen verlassen hatte, wollte ich mich auf den Albstieg machen. Einen Wanderweg über die Schwäbische Alb. Als erstes Übernachtungsziel hatte ich mir das Aalbäumle ausgeguckt, einen Aussichtsturm mit Blick über die Stadt, in der es mir so gut gefallen hatte. Ich staunte über den Sonnenuntergang und freute mich auf den Sonnenaufgang – nur vergaß ich, dass der rundum vergitterte Panoramapunkt komplett dem Wind ausgesetzt ist. Im Laufe der Nacht zog ich alle Kleidungsstücke an, die ich noch im Rucksack fand. Irgendwann deckte ich mich sogar mit dem Handtuch zu. Dann mit dem Rucksack. Zwecklos.

Völlig durchgefroren krieche ich am Morgen aus meinem Schlafsack in luftiger Höhe und registriere, dass ich zunächst die rund 200 Treppenstufen zur Morgentoilette hinunterrennen muss. Als ich schnaufend in die Büsche springe, starre ich direkt dem ersten Mountainbikefahrer ins Gesicht, der gerade den Berg erklommen hat. Der Tag wird eine Herausforderung werden.

Mit steifen Gliedern laufe ich durch den Wald. Kalte, sehr kalte Finger. Leichtes Verzagen. Frühstück auf einer Schafsweide. Es ist Herbst geworden. Die Baumfüße sind von quietschgrünem Moos überwuchert, daneben leuchtet rostrotes Laub. Ich schleiche durch nebligen Herbstwald und rechne jeden Moment damit, dass ein Dinosaurier um die Ecke biegt. So aus der Zeit gefallen fühle ich mich.

Ein Schritt folgt dem andern. Der Wald ist jetzt mein Wohnzimmer, ein Rückzugsort nach den vielen menschlichen Begegnungen am Wegesrand. Nach der schönen intensiven Zeit in Aalen will ich das Erlebte im Kopf durchgehen, will alleine tippeln.

HW1 Schwäbische Alb. So heißt der Weg, den ich laufe. Ich habe mir eine laminierte Karte für den HW1 gekauft. Die hölzernen Schilder am Wegesrand hier haben QR-Codes. Ich muss lachen. Hab ja kein Handy bei mir, um die wirren Pixelbilder einzuscannen. Fände es auch frevelhaft, im Wald der digitalen Navigation mehr zu vertrauen als der intuitiven. Warum folgen wir Menschen so gerne ausgetretenen Pfaden, laufen wir lieber auf Wegen, die jemand zuvor beschildert hat? Was hält mich von der Waldschneise ab, die keinen Namen trägt? Mein nicht zu unterschätzendes Sicherheitsbedürfnis natürlich. Ziellos gehen ist für Fortgeschrittene. Ich bin Anfängerin und klammere mich an Laminiertes. Aber immerhin, ich bin unterwegs, ich bin draußen. Keiner weiß, wo ich stecke. Ich rede mit Bäumen. Ich merke, wie ich die Natur idealisiere und sie mir doch immer nur in homöopathischen Dosen zuführe. Deutschland ist fast überall Kulturlandschaft. Wer es wirklich wild haben will, unberührt, ist hier falsch. Auch wenn Roger Willemsen schreibt: »In Deutschland nach Deutschland zu reisen, das ist wie die Exkursion zu einer Fata Morgana.« Manchmal ist die Terra Incognita zu meinen Füßen ein wahres Banalistan. Ich mache Rast auf einer Bank unter einem Baum. Jemand hat »Suffbaum« in die Rinde geritzt. Na denn.

Spuren von Menschen sehe ich überall. Nur treffe ich tagelang niemanden. Außer Joe, den schwäbischen Buddha. Ein tiefenentspannter Dauercamper, 61, der zum Mittagstisch den Campingplatz im Nachbardorf besucht. Er hat den Dreh raus. Joe begrüßt mich mit dem schönen Satz: »Ich habe heute erst erfahren, dass Mittwoch ist.« Er trägt eine Plastikkappe und abgedunkelte Brillengläser. Wir essen schweigend Maultaschen, wippen auf unseren Plastikstühlen und trinken ein Radler. Jeder hält sich sein Bäuchlein. Der Mann hat gelassenes Alleinsein geübt wie andere den Sonnengruß beim Yoga. Den Beifahrersitz seines Wagens hat er komplett ausgebaut, da liegt schlafend seine Hündin Amy. Joe zahlt nur 450 Euro Stellplatzgebühr für den Wohnwagen, in dem er ganzjährig lebt. Sonst nichts, keine Miete, keine Kosten. Zur Weiterreise schenkt mir der gelernte Klempner und Rumtreiber die Worte: »Reisen ist was Schönes. Man muss nur anfangen, anders zu denken.« Jo, Joe.

So wandere ich weiter durch Landschaften, die aussehen wie der Desktophintergrund auf dem Computer. Grüne Wiese, blauer Himmel. Ich starre auf Hügel, während ich meine Festplatte defragmentiere. Wie so oft, wenn ich alleine unterwegs bin, fange ich an, meinen Rucksack zum Hauptdarsteller meiner Reisefotografie zu machen. Dehydriert und hyperaktiv führe ich heitere Selbstgespräche. Während ich auf den Auslöser der Kamera drücke, moderiere ich: »Sie sehen hier: Roter Rucksack auf Wanderweg! Und schauen Sie hier: Roter Rucksack im Laub! Und hier, meine Damen und Herren: Roter Rucksack vor grüner Wiese!« Man gönnt sich Schrulligkeit als Wandervesper.

Unterwegs nehme ich die Ruine Rosenstein mit – und zugleich Reißaus vor einem Jakobswegpilger mit Muschelkette um den Hals, der mir ein Gespräch über Ultraleichtrucksäcke aufschultern will. In Heubach komme ich erst spät beim Rathaus an, die Bürgersteige werden gerade hochgeklappt. Vorm Bürgermeisterbüro ist schon die Putzkolonne am Werk. Ich frage den Hausmeister, ob er mir helfen kann einen Schlafplatz zu finden. Der Mann heißt Manne und fasst sich binnen Sekunden ein Herz. Er hat einen Schlüsselbund für alle öffentlichen Einrichtungen des Ortes in der Hand und meint, ich könne mir eine aussuchen. Ich entscheide mich für die Stadthalle, eine umgebaute Turnhalle, in der der Heubacher Bürgermeister am kommenden Samstag heiraten will. Manne lässt mich hinein, ich solle aber keinen Quatsch machen, sagt er. Ich freue mich über die regengeschützte Unterkunft. Es riecht nach Turnhallenmief und in der Gruppendusche tobe ich herum, als wäre ich meine eigene Rugbymannschaft. Zum Schlafen entdecke ich eine dieser dunkelgrünen Krankenliegen, die früher im Sportlehrerzimmer meiner Schule standen.

Jetzt liege ich also in der Dunkelheit einer Turnhalle in Heubach, einem Ort, von dem ich nicht mal weiß, wo genau er auf der Landkarte liegt. Spinnen krabbeln aus den Ritzen hervor. Ich fange an zu singen, dann entdecke ich in meinem Rucksack das Diktiergerät, mit dem ich manchmal meine Interviews im Lokaljournalismus aufzeichne. Ich klicke mich durch die Dateien, eine Sammlung der geführten Gespräche, und finde eine alte Aufzeichnung meiner letzten Akkordeonstunde. Die Batterie reicht gerade noch für eine stümperhafte Runde *Katjuscha*. Die Kommentare meines Akkordeonlehrers werden mir zur Gute-Nacht-Geschichte. Ich kichere mich in den Schlaf. Ja, doch: Ich komme prima mit mir alleine aus.

Es sind vielleicht nur 40 oder 50 Kilometer, die ich dem Albstieg folge. Aber es tut gut. Ich steige auf den Volkmarsberg. 700 Meter hoch und endlich Sonne in den Poren. Immer wenn ich mich unterwegs verlaufe, kommt jemand und rettet mich. Einmal ist es ein Lauftreff in Nenningen. Sieben Damen, die gerade ihre Joggingroute beendet haben. Ich stehe an einer Vierwegeskreuzung und weiß nicht weiter. Eine robuste 78-Jährige in Fleecejacke steckt mich in ihr Auto, das genauso unkaputtbar wirkt wie sie. Gerade noch hat die fleißige Läuferin ihre Stoppuhr am faltigen Handgelenk gedrückt, die ihr zeigte, dass sie als Zweite ins Ziel gekommen war. Gestern war sie schon zehn Kilometer gerannt. »Laufen ist mein Leben«, sagt sie strahlend. Die anderen Läuferinnen in der Runde, alle 30 Jahre jünger, nicken anerkennend.

Öfter als sonst in meinem Leben begegne ich auf diesem Weg älteren Menschen. Kurz vor Donzdorf schlafe ich morgens nach der ersten Wanderetappe noch mal auf einer Holzbank ein. Als ich blinzele, steht eine gepflegte Dame vor mir, das weiße Stirnhaar zurückgekämmt. 94 Jahre alt sei sie und gehe jeden Tag diesen Weg hier zu Fuß, sagt sie stolz, einmal von ihrem Haus bis zu dieser Bank und zurück. Rechts stützt sie ein Stockschirm, links hält ihr ein schweigender Hausangestellter den Ellbogen. »Wenn ich im Altersheim wäre, dann hätte man mir jetzt um diese Uhrzeit mein Frühstück gebracht und ich wäre wieder müde ins Bett gesunken.« Sie blickt heiter und gütig auf mich hinunter, schließt kurz die Augen, und öffnet die Lider erst nach einer langen Sekunde. Ich lächle, wir schweigen. Dann sagt sie: »Mein Vater sagte immer morgens zu mir: Steh auf, Kind, im Bett stirbt man bloß!«

Sogleich schlafe ich noch mal ein auf der Parkbank. Als ich wieder aufwache, ist die alte Dame weg. Ich entdecke im nassen Weidegras einige durchweichte Zettel. Es sind Notenblätter. Jemand muss sie hier verloren haben, vielleicht sind sie einer jungen Klavierspielerin aus dem Rucksack geflattert. Ich stelle mir vor, wie sie vermisst und gesucht werden. »Erklingt in F-Dur, Kapo 3 Bd.«, steht da geschrieben. Das Lied ist von Hannes Wader, es heißt »Schon so lang«:

Bin auf meinem Weg,
Schon so lang.
Verschlagen und träg,
Schon so lang.

Bin müde und leer,
Will nach Süden ans Meer.
Bin auf meinem Weg ohne Wiederkehr,
Schon so lang.

Also, dann wohl Richtung Süden. Ich nehme die Notenblätter als Wegweiser. Gefällt mir besser, als auf QR-Codes an der Lichtung zu vertrauen. In Donzdorf trampe ich wieder, ich will auf die A8 kommen. Ab nach unten. Ich bin ein Berufspendler geworden. Zwischen Wald und Autobahn gondele ich hin und her.

Doch Mathilda ist mir gram. Sie lässt mich nicht vorankommen. Stundenlang bleibe ich auf der Raststätte hängen und finde niemanden, der mich mitnimmt. Eine ältere Frau sieht, wie ich vor dem Ausgang der Sanifair-Toilette fremde Leute anspreche und ruft gütig: »Leben Sie Ihr Leben jetzt!« Eine Frau in einer bunt gemusterten Bluse erzählt mir ungefragt, wie gefährlich das Trampen sei und dass sie sich als junges Mädchen mal mit der Nagelschere gegen einen übergriffigen Fahrer verteidigen musste. Was ist denn nur los heute?

Ich setze mich in die Sonne und warte. Und dann verstehe ich, warum ich all die Zeit warten musste. Warum diese vielen Leute mich heute nicht mitnehmen konnten. Damit ich den perfekten Lift nicht verpasse. Und der kommt jetzt in Mannschaftsstärke auf mich zu marschiert. In blauen Uniformen, in orangenen Jacken, mit einem Leuchten im Gesicht: Es ist die Freiwillige Feuerwehr.

Ich: »Hey Jungs, ist bei euch noch ein Platz frei?«

Einer von 24 stolzen Feuerwehrmännern: »Jau, na klar. Aber rate mal, womit wir fahren!«

Ich: »Mit einem Feuerwehrauto?«

Er: »Nicht mit irgendeinem. Mit einem nigelnagelneuen Feuerwehrauto. LF10, unser neues Löschfahrzeug haben wir heute Morgen um 4 Uhr im Werk abgeholt. Jetzt fahren wir damit zurück.«

Ich: »Wow.«

Er: »Es ist irre. Alles ganz neu! Mit Schaumtank. Und Druckluftsirene. Firma Ziegler, Dieselmotor, alles nach Euro-6-Norm. Unsere Ortsfeuerwehr hat 25 Jahre auf dieses Auto gewartet. Es hat sogar eine ausfahrbare Drehleiter, einen 1200-Liter-Wassertank, 13 Tonnen zulässiges Gesamtgewicht und …« (Er listet minutenlang die Vorzüge des LF10 auf.)

Ich: »Okay, ist ja gut, aber kann ich jetzt mitfahren?«

Er: »Ja, wir haben noch genau einen Platz frei.«

So sitze ich mit der Freiwilligen Feuerwehr Oberweier im Löschgruppenfahrzeug und esse glücklich Gummibärchen. Ich habe keine Ahnung, wo dieses Oberweier liegt, in das wir fahren, aber ich steige hier so schnell nicht mehr aus. Wir geraten in einen Stau und machen uns einen Spaß mit Durchsagen über den Außenlautsprecher. Wir halten den Funkkontakt zum zweiten Wagen, dem alten Löschfahrzeug, mit dem die Truppe heute Morgen losgefahren ist. Über Funk soll ich Witze erzählen. Gejohle. Ich habe den Premiumplatz im neuen Fahrzeug erwischt. Einer der gestandenen Feuerwehrmänner ist mit einem Seufzen in den alten Wagen zurückgeklettert. Es ist eine Riesengaudi. Als wir in der Dämmerung Oberweier erreichen, schalten die Jungs noch mal die Sirene an. Und das Blaulicht. Das ganze Dorf steht am Gartenzaun und winkt. Die Begeisterung ist ein Flächenbrand.

Kaum sind wir ausgestiegen, kommt der Bürgermeister vorbei und all die kleinen Größen, die ein Dorf zu bieten hat. Ich purzele aus dem Wagen in die Arme des Lokalreporters. Er sieht aus wie eine Inkarnation Horst Schlämmers. Er heißt tatsächlich Wolfgang Schätzle und arbeitet bei der *Lahrer Zeitung*. Zunächst will er mir meine Geschichte von der Wortwalz nicht glauben. Zu skurril scheint die Story, wie ich mit dem Feuerwehrauto hier gelandet bin. Doch dann wird kurzerhand beschlossen, dass die reisende Reporterin jetzt bleiben muss. Ich werde dem Hauptlöschmeister übergeben. Im Baumhaus des Sohnes darf ich nächtigen. In all dem Kuddelmuddel habe ich völlig den Überblick verloren, wo wir eigentlich sind. Ich erfahre, Oberweier liegt bei Lahr im Schwarzwald. Süden also, aha. Ich schlafe mit einem großen Grinsen und unter dem Rascheln der Fichtenzweige im Baumhaus ein.

In Oberweier wissen innerhalb kürzster Zeit alle von meiner Ankunft. In diesem Dorf bin ich ein Ufo. Ich niste mich für ein Wochenende beim Feuerwehrmann ein und soll für die *Lahrer Zeitung* einen Artikel über meine Ankunft schreiben. Es wird ein bisschen eine Provinzposse. In Lahr gibt es tatsächlich drei Lokalzeitungen. Dass ich nun durch den kuriosen Herrn Schätzle an die *Lahrer Zeitung* gebunden bin, gefällt mir nicht so ganz. In der Redaktion herrschen chaotische Zustände. Es kommt zum lokaljournalistischen Fiasko: Das Internet fällt aus. Eine übermüdete Redakteurin sagt mir, sie wisse nicht mal, wie man ein @-Zeichen schreibt. Der Volontär diktiert dem Lokalchef seine Texte von seinem Smartphone, dieser tippt sie mit gespreizten Fingern in ein PDF-Dokument. Am Abend muss jemand den USB-Stick mit den Dateien nach Offenbach fahren. Es ist absurd.

Ich bekomme einen weiteren Auftrag. Ich soll den Lahrer Gemeinderat bei einer Waldbegehung begleiten. Die Kommunalpolitiker haben sich an ihrem freien Samstag verabredet, um sich vom Revierförster die Natur erklären zu lassen. Es geht immerhin um den Baum des Jahres 2014, die Traubeneiche. Quer durch alle Fraktionen marschieren die Ehrenamtspolitiker durchs Gehölz.

Wer einen Ausflug in den Lahrer Forst unternimmt, der muss zunächst eine neue Zeitrechnung lernen: vor Lothar und nach Lothar. Das war der große Sturm, der am zweiten Weihnachtsfeiertag 1999 über die Westflanken des Schwarzwaldes fegte und eine Schneise der Verwüstung hinterließ. Spuren sind heute noch erkennbar. »Der langfristige Effekt des Sturms ist, dass wir neu erleben dürfen, wie schön wir es hier im Schwarzwald haben«, sagt der Förster. Er weiß genau, wo auf dieser 1333,4 Hektar großen Fläche ein Waldkäuzchen aus dem Totholz schauen könnte. Die Absatzzahlen der Holzwirtschaft erklärt er an einem Ort, den er »Sparkasse des Waldes« nennt. Manchmal klingt es fast wie Poesie, wenn dieser Förster von den Bäumen spricht. »Die nächste Generation muss ans Licht geführt werden«, beschreibt er die sogenannte Verjüngung des Waldes. Es fallen Sätze, die wuchtig klingen wie umstürzende Bäume: »Buche dunkelt Eiche raus.« Gemeint ist, dass der Lichtbaum Eiche nicht bestehen kann, wo die Buche ihm die Sonnenstrahlen raubt.

Die Lokalpolitiker sind begeistert von dieser Führung durch den Wald, sind über Fraktionsgrenzen hinweg angetan von der Kraft der Natur. Genau wie ich. Dann kommen drei Männer mit Kettensägen und demonstrieren ihre Arbeit. Zum Schluss gibt es Gulasch für alle und der Bürgermeister fragt mich, ob ich nicht ein Praktikum in seiner Presseabteilung machen wolle. Ein kurioses Wochenende bei der *Lahrer Zeitung*, ich hätte mir kein besseres Drehbuch dafür ausdenken können. Ich schreibe meine Geschichte und packe wieder mein Bündel

Ich laufe durch das spätsommerliche Lahr. Es ist Chrysanthema, ein Herbstblumenfest oder so, die ganze Stadt ist auf den Beinen. Die Begegnungen am Straßenrand verdichten sich zu einem Strom der Gesichter. Ich treffe einen Leierkastenmann und würde am liebsten mit ihm Berufe tauschen. Er trudelt durch die Orte, ist im Wortsinn mal hier, mal dort. Dieses achselverschwitzte Gefühl des Unterwegsseins ist ein Blitzen in den Augen des Gegenübers, du erkennst es sofort. Wir winken uns zu. Der Leierkastenmann zeigt mir den Lahrer Rathausplatz. Dort steht ein umgebauter Zirkuswagen, ein Mann mit dem Antlitz eines Gauklers verkauft Crêpe und Prosecco. Der Zirkuswagenbesitzer schaut mich lächelnd an und sagt: »*La Strada*, die Straße. Mit deinem Hut siehst du aus wie die Kleine aus *La Strada*.« Mein Herz quillt über. Ich liebe die tapfere Gelsomina, die Reisefreundin eines Rumtreibers, des großen Zampanos, die in Fellinis Film einen Hut trägt und kulleräugig traurig schaut. Wir müssen jetzt nicht viel sagen, der Leierkastenmann, der Zirkuswagenmann und ich. Schöne Gewissheit: Reisende erkennen sich.

Schon so lang
Hannes Wader
auf Philips 6 305 165
(erklingt in F-Dur, Kapo 3. Bd.)
Bin auf mei-nem Weg schon so lang,
ver-schla-gen und träg schon so lang.
Bin mü-de und leer, will nach Sü-den ans Meer,
auf meinem Weg oh-ne Wie- - der-kehr, schon so lang.

5

Die große Freiheit – Ankommen im Unterwegssein

Abreiseverlumperung – Hängenbleiben in Freiburg

Es gibt ein schönes Wort unter Wandergesellen, das ich in letzter Zeit sehr schätzen gelernt habe: *Abreiseverlumperung.* Gemeint ist damit, die geplante Abfahrt nach hinten zu verschieben. Immer wieder. Die beteiligten Begleitpersonen tun das Ihrige dazu, um den Moment des Aufbruchs immer weiter zu vertrödeln. Manchmal hat man einfach einen Fuß im Beton. Oder im Schwarzwald. So ist es mir nun in Freiburg ergangen.

Schwarzwald, Janoschland. Ich bin nicht gekommen, um mich zu beeilen. Abgeworfen wurde ich im Breisgau von einem freundlichen Lift, den ich bei meinem letzten Stopp bei der *Lahrer Zeitung* kennengelernt hatte. Bei meinem Wochenenddienst für das Lokalblatt hatte ich auch über einen Musikflohmarkt berichtet, auf dem Menschen Instrumente kauften und verkauften und sich zu Jam Sessions zusammentrommelten. Titel des Textes: »Tausche Tube gegen Töne«. Zwischen Tapeziertischen voller Gitarren und Xylofonen war ich Sebastian in die Arme gelaufen, einem blonden Strubbelkopf mit wachen Augen. Er war der Einzige, der auf dem Musikflohmarkt inständig hoffte, nichts zu verkaufen. Denn im Grunde liebte er seine E-Gitarre, eine Gibson RD, lackiert in Pelham Blue, so sehr, dass er sie nicht hergeben mochte. Er hing an dem Ding und ich an seinen Lippen. Wir kamen ins Gespräch.

»Diese Gitarre ist sehr geil, es gibt davon weltweit nur drei Stück. Für 1400 Euro gehört sie dir – aber ganz ehrlich, ich behalt sie lieber.« Ich lachte, er schenkte mir eine nachgemachte Ray-Ban-Sonnenbrille und wir verabredeten uns für den Folgetag an der Landstraße.

Um 16 Uhr stehe ich also am Kreisel an der Lahrer Ausfallstraße in der Sonne, wartend, neben mir die Hoffnung. Und die Vorfreude. Auf Freiburg, eine Stadt, die ich immer schon kennenlernen wollte und in der auch viele Wandergesellen zugegen sein sollen. Als Sebastians schwarzer Wagen um die Ecke biegt, macht mein Herz einen Hüpfer. Erstaunlich, dass mich einfach niemand auf dieser Reise enttäuschen will. Der Musiker hält die Verabredung, ich packe mein Bündel und plumpse auf den Beifahrersitz. In seiner Karre dreht Sebastian die Musik seiner Band *Rude Dude* (der vielsagende Untertitel: »Finest Titten'n'Schnaps'n'Roll«) voll auf, wir gröhlen. Wenn die Weite im Herzen reicht, wird aus jedem aufgekurbelten Autodach ein Cabrio. Ich strecke die Hand aus dem Beifahrerfenster, warmer Wind rauscht vorbei. Die Vogesen im rechten Augenwinkel, so sind wir unterwegs an einen Ort, der wärmer ist als der Rest der Republik. Hügelig mit lächelnden Menschen. Ich bin von Anfang an in guten Händen. Mit nichts als leichtem Gepäck.

Ich erinnere mich an die Worte der Bäckergesellin Sarah: »Mache diese Reise nur für dich und niemanden sonst. Du bist niemandem Rechenschaft schuldig, warum du reist, wohin oder was es sonst bringt. Vergiss das bitte nie. Es ist dein Leben und es ist deine Reise. Tu das, was du tun möchtest und lass den Rest sein!« Diese Worte haben sich eingebrannt. Der Freiheitsgeist unter Gesellen ist betörend. Wenn man sich darauf einlässt, erlebt man Erstaunliches. So kommt es, dass ich in Freiburg allerhand Abenteuer erleben werde. Und den Rest bleiben lassen werde.

»You want coffee?«, fragt einer, der binnen Sekunden zu meinem Gastgeber für die nächste Woche wird. Vor dem Café Capri am Freiburger Augustinerplatz baden die Menschen in Sonne und Zeit. Kopfsteinpflaster, kleine Gassen, Frauen in bunt gemusterten Kleidern. Dort sitzt Nova, ein schmaler dunkelhäutiger Mann. Ein silberner Haardutt thront auf seinem Kopf, ein goldener Ring durchbohrt seinen Nasenflügel. Nova sieht aus, wie andere sich vielleicht einen Guru vorstellen, jedenfalls wird er oft von Passanten auf solchen Kram angesprochen, wie ich bald erfahre. Doch mir will er einen Kaffee ausschenken, keinen *Wachturm* andrehen, warum sollte ich das Angebot eines Fremden ausschlagen? Er lächelt freundlich, ich nehme Platz. Vorher hüpfe ich noch über eines der schmalen Bächle, jene Wasserrinnen, die Freiburg durchziehen wie ein sprudelndes Adernetz. Ein »Venedig für die Füße«, von dem eine badische Sage besagt: Wer ins Bächle fällt, wird sich in Freiburg verlieben, wer ins Bächle fällt, wird einen gebürtigen Freiburger heiraten. Ich entschlüpfe diesem Schicksal nur knapp.

Nova ist 65 Jahre alt und kommt gebürtig aus Sri Lanka. Er spricht leise, freundlich, er sagt: »Du hast Kraft. Baue etwas auf.« Er spendiert mir nicht nur diesen Kaffee, sondern auch eine der schönsten Wochen meines Lebens. Weniger zu behaupten wäre untertrieben.

Am Cafétisch sitzt auch Milan, ein junger Mann mit bernsteinfarbenen Augen und schwarzen Zimmermannshosen, den Kopf voller Dreadlocks. Und voller Interesse an meinem

Hut, den er betrachten will. Doch ich gebe ihn nicht her. Wir grinsen uns an. Milan lebt seit drei Jahren in einem Lastwagen am Straßenrand, erzählt er. Er ist Zweiradmechaniker, Liegeradbauer, pedalverliebt, trägt einen Fahrradschlauch als Gürtel um die Hüften. Nova, der Alte, fragt mich: »Hast du schon was zum Schlafen?« Nö. »Du kannst bei mir schlafen.« So schnell ist die Sache hier geklärt. Nach drei Minuten sind meine Weichen im Schwarzwald gestellt.

Ich gehe einfach mit. Folge Fremden durch Freiburg. Steige die schmale Treppe zu Novas Wohnung hoch, vor der Tür steht eine Schale mit Kastanien und Nüssen. Auf knarzenden Dielen betrete ich den Altbau, es riecht nach Kräutertee, Nelken und Muskat. Im Schlafzimmer übt jemand herzzerreißend schön Geige. Es ist Zen. Eine türkische Barockviolonistin, sie probt fürs Orchester. Die 22-Jährige hat den Kopf geschoren, trägt eine gebatikte Schlaghose. Auch sie ist Gast in Novas kleiner Wohnung. Der alte Mann sammelt wohl öfter menschliches Strandgut am Straßenrand auf, um dann etwas Schönes daraus zu basteln. Nun sind wir zu viert: Der weise weißhaarige Nova, der muntere Milan mit den Dreadlocks, die schön geschorene Zen. Und ich, mit meinem Hut und meinem Übermut. Keine Ahnung, was das hier wird. Aber eines steht fest: Es wird gut.

So kommt es, dass ich in eine fremde Welt eintauche. Ich lerne das Freiburger Wagenburgenleben kennen und treffe Menschen, die nichts weiter brauchen zum Glücklichsein als einen alten Lastwagen am Straßenrand. In der Nachbarschaft sehe ich jeden Morgen einen lebensgroßen Plüschteddybären an einem geöffneten Fenster sitzen, zum Luftschnappen wohl. Hier ist der Wahnsinn ein bisschen geduldeter als anderswo.

Hier hat Normalität eine Oktave mehr. Nach der Sommerbaustelle in Lübeck erlebe ich in Freiburg den zweiten großen Bruch auf dieser Reise. Ich gehe kein einziges Mal zur Lokalredaktion, das verlumpere ich einfach. Stattdessen werde ich Teil dieses verrückten Hippiequartetts. Wir spazieren über Friedhöfe, kochen Gemüse aus dem Müll und malen die Wände unseres Gastgebers bunt an. Wir essen mit den Händen und schlafen zu viert auf einer Matratze. Ich gehe demonstrieren, schminke Männer und rauche Pfeife. Ich steige auf den höchsten Berg des Schwarzwaldes und verschlinge das größte Stück Schwarzwälderkirschtorte meines Lebens. Mit anderen Worten: Ich erkenne mich selbst kaum wieder.

Ausgerechnet hier im fleißigen Baden-Württemberg lerne ich, dass es im Leben nicht immer nur ums Schaffe, Schaffe, Schaffe geht. Dabei fällt mir das so schwer. Ich habe noch nie eine Woche lang nichts getan. Wirklich, es klingt absurd, es gab ja auch Sommerferien in meinem Leben. Aber ich habe tatsächlich noch nie eine Woche lang nichts getan. Mit 15 ein Praktikum beim Radiosender, mit 16 ein Praktikum bei der Lokalzeitung. Immer gearbeitet. Immer gern. Hab mich immer definiert über Arbeit. Aber was bin ich noch, außer Journalistin? Bisher bin ich stets brav mit mir selbst um die Wette gerannt, habe schnellstmöglich nach dem Abitur den Bachelor, den Master und die Journalistenschule abgeschlossen. Als ich dann mit 24 in meiner ersten Festanstellung landete, fühlte ich mich wie im Käfig. Ich musste raus. Das Gespräch mit Wandergesellin Sarah zeigte mir, dass Arbeit nicht alles im Leben ist. Oder zumindest, dass die Frage nach dem Warum erlaubt ist, wie sie immer mehr junge Menschen in meiner sogenannten Generation Y stellen. Ich werde auf diesem Planeten eine abzählbare Anzahl von Atemzügen tun. Warum, um Himmels willen, sollte ich in Wechselschichten Lastwagen für Aldi fahren, wie einer meiner letzten Gastgeber, und mich kaputtrackern, nur damit am Ende des Monats die Kohle stimmt? Ich will mehr als Maloche. Ich habe gelesen, dass ein in Deutschland geborener Mensch durchschnittlich 80,89 Jahre alt wird und also 29.524,85 Tage auf der Welt verbringt. Warum sollte ich den Großteil dieser Tage mit Dingen verbringen, die mir jetzt sinnlos erscheinen? Mit Verlaub.

Ich habe gerade kein Handy, kein Laptop, ich gebe kein Geld fürs Reisen und fürs Übernachten aus, aber es geht mir so gut wie noch nie zuvor! Und doch habe ich Angst vor der Freiheit. Ich fange sogar an mich zu rechtfertigen, warum hier für mich »lokaljournalistische Funkstille« herrscht. Später schreibt mir ein Redakteur der *Badischen Zeitung*: »Schade, dass du dir ausgerechnet bei uns im Badischen eine Auszeit gegönnt hast, hätte dich gerne in unsere Lokalredaktion eingeladen.« Der Kollege versucht es immer wieder, mich in die Schreibstube zu locken. Arbeit finden ist nicht schwer. Arbeit lassen dagegen sehr. Doch jetzt will ich mich mal für einen Atemzug lang dem widmen, was die Philosophin Natalie Knapp die »Schönheit der renditefreien Gegenwart« nennt.

Das Gefühl kennt auch Milan, der verrückte Vogel. Ein eingetragener Wohnungsloser mit einer Festanstellung im Fahrradgeschäft. Das irritiert. Er nimmt mich mit in sein geheimes Reich. Ein hellblauer Mercedes 608D ist sein Schneckenhaus. Mit TÜV, aber ohne grüne Umweltplakette. Deshalb steht Milans Wagen außerhalb des Stadtgebiets. In diesem Wohnkoffer hat er auf sieben Quadratmetern alles verstaut, was er noch besitzt. Den kleinen Holzofen, ein Waschbecken, einen Espressokocher auf dem Gasherd. Holzplatten dienen als Boden, das Bücherregal über dem Bett versammelt Werke von Hermann Hesse, Michael Ende, Rudolf Steiner und Sachbücher über Bienen. Ein Traumfänger mit Federn, eine Holzkiste mit Werkzeug. Es ist so gemütlich hier. Dieses Leben im Wagen fasziniert mich. Es hat nichts gemein mit der Pseudoflexibilität der Wohnmobilisten, die sich mit Gartenzwergen umzingeln, ihre Vorzelte einbetonieren und Ziegelsteine unter die Radlager ihrer Dethleffs-Dickschiffe klemmen. Das Wagenleben hat wenig zu tun mit dem jägerzaunumringten Versuch der periodischen Sesshaftigkeit, die ich von deutschen Campingplätzen kenne. Wagenleben ist ehrlicher, unpraktischer, gefährlicher. Nachts hört man die Geräusche vom Straßenrand, Gelächter, Stimmen. Morgens Vogelgezwitscher. Aufs Klo geht man in die Büsche oder in die nahe gelegene Toilette einer Werkstatt. Milan pullert in die Pipiflasche. Es ist alles reinlich hier, es hat alles seinen Platz. Es ist bloß anders, als ich es kenne.

Später finde ich mich mitten auf einer Demonstration gegen Wagenverschrottung. Die Freiburger können laut werden, wenn es darum geht, alternative Wohnformen zu verteidigen. Trillerpfeifen, Bongotrommeln, Schlachtrufe. Ein paar hundert Demonstranten fordern die konfiszierten Wägen einer Wohngruppe von der Stadtverwaltung zurück. Manches an diesem Protest ist mir zu holzschnittartig, und doch scheint mir die Solidarität schützenswert. Ich rufe ein wenig scheu: »Wir sind Sand im Getriebe!« Mit jedem Mal lauter. Die Spießerin in mir übt zivilen Ungehorsam. Ein kleiner Junge am Straßenrand, vielleicht sechs Jahre alt, ist da radikaler. Der Racker steht vor einer Reihe Uniformierter und schreibt mit

Kreide »Blöde Bullen« auf die Straße. Dann malt er einen Pfeil zu jedem der vier Polizisten.

Ich bin hier nicht mit allem einverstanden. Aber ich teste meine Grenzen. Das hätte es früher nicht gegeben. In meinem Leben war gar kein Platz für so viel Vielfalt. Ich wusste nicht, dass man so unterschiedlich leben kann. Hätte nicht gedacht, dass man so frei sein kann. So viel fremde Welt im eigenen Land.

Die Woche verbringe ich mit Nova, Zen und Milan. Wir frühstücken gemeinsam, sitzen im Kreis auf dem Boden. Milan isst oft ohne Besteck, das findet er sinnlicher. Ich probiere es aus, pansche mit meinen Fingern den Reis zusammen und lache glücklich. Milan schenkt mir ein Messer. Ein schönes gebrauchtes Opinel, ein französisches Klappmesser mit Holzgriff, wie es jeder Reisende in der Tasche haben sollte. Räucherstäbchen brennen. Zen erzählt, wie sie die Proteste im Istanbuler Gezi-Park erlebt hat, berichtet von der Gewalt der türkischen Polizei und wie diese Zeit sie politisiert hat. Sie schenkt mir einen Ohrring und pult ihn mir durchs Läppchen. Früher hätte ich mit solchen Leuten nichts zu tun gehabt. »Ach, Hippies!«, hätte ich gesagt und es gut sein lassen. Heute lasse ich mich ein.

Es ist Spätsommer, die ersten Blätter fallen von den Bäumen. Milan hält eine Handvoll Laub an mein Ohr und lässt es leise knuspern. »Das macht dich bunt im Kopf«, sagt er und meint mein glückliches Alleinsein. Er fragt erheitert: »Was ist bloß mit dir passiert, Journalistin? Du warst ein Modepüppchen bei irgendeiner Frauenzeitschrift. Jetzt reist du ohne Geld durch die Gegend!« Wir putzen Zähne im Flusswasser der Dreisam. Dann gehen wir »containern«, das heißt, wir suchen im Müll nach Essbarem, nach abgelaufenen Lebensmitteln von Supermärkten. Milan weiß genau, wo etwas zu finden ist. Morgens um vier beugt er sich tief in eine Tonne auf dem Parkplatz bei Penny. Wir klauben Auberginen heraus. Ich ekele mich etwas. Plötzlich geht eine Tür auf, Licht an. Eine Frau vom Supermarkt erwischt uns. Es ist mir unangenehm, ich komme mir vor wie ein Einbrecher. Die Frau verscheucht uns. Dabei ist es doch absurd, unser Diebesgut war längst wertlos für die meisten. Die Wegwerfgesellschaft schätzt gefüllte Mülltonnen mehr als gefüllte Mägen.

Bei all meiner über Nacht entdeckten Unangepasstheit hänge ich dennoch manchmal an Orten herum, die so abenteuerlich sind wie ein Fußbad. Internetcafés zum Beispiel. Horte der Belanglosigkeit und des Trübsals, auch in Freiburg. In den vergangenen Wochen habe ich mir angewöhnt, sie im Stadtbild rasch ausfindig zu machen. Oft sind es schmierige Spelunken, angeschlossen an Casinos oder Copyshops, mit selbstdrehenden Sitzkugeln und blinkenden Lichtern. Im neonlichtigen Halbschatten verzocken Feierabendtrinker dort ihren Lohn mit Sportwetten, während meine letzten, gut gehüteten Euros in den gierigen Münzeinwurfschlitzen der aufgereihten Rechner verschwinden. 3,50 Euro für 30 Minuten Internet. Alles nur, um den Wortwalz-Blog zu aktualisieren. Denn die Menschen, bei denen ich hier lebe, haben alle keine Smartphones und Computer. Und da ich gerade in keiner Redaktion arbeite, kann ich auch nicht nach Dienstschluss bloggen. Also hänge ich in einem Freiburger Kopiergeschäft herum und fluche leise über die Inkompatibilität der Dinge, der Speicherkarten und Anschlüsse. Und ich fluche über die

Inkompatibilität meines Reiselebens mit der ständigen Neugier des Netzes. Es ist schwer, offline zu reisen und doch online erreichbar sein zu wollen. Es kostet lächerlich viel Kraft. Gleichzeitig hilft mir das Bloggen beim Nachdenken. Etwa ein Mal in der Woche veröffentliche ich einen Beitrag und bin so zur regelmäßigen Reflexion gezwungen. Und meine Leserschaft ist großzügig. Sie verzeiht mir meine Kapriolen. Von Wilhelm Busch haue ich meinen Leserinnen und Lesern an den Bildschirmen die Klassiker-Keule um die Ohren:

Viel zu spät begreifen viele
die versäumten Lebensziele:
Freude, Schönheit der Natur,
Gesundheit, Reisen und Kultur,
Darum, Mensch, sei zeitig weise!
Höchste Zeit ist's! Reise, reise!

Wenn ich freidrehe in Freiburg und später davon berichte, dass es nichts weiter zu berichten gibt, dann erreichen mich rührende Zuschriften. Einer meiner Leser ist ein Friedhofsgärtner im Ruhrgebiet. Er schreibt mir: »Ich habe Wandergesellen immer sehr bewundert, vielleicht auch beneidet. Deswegen fand ich Deinen Schritt unglaublich mutig, weil Du alte Traditionen für Dich adaptiert und Konflikte riskiert hast. Chapeau! Du warst das erste Projekt, das ich über ein Crowdfunding auf diese Weise unterstützt habe, und das aus mindestens zwei Gründen: Zum einen liegt mir sehr viel an einem funktionierende Lokaljournalismus als Regulativ zur Lokalpolitik. Menschen, die in ihren Gemeinden wirklich zu Hause sind und den Finger in Wunden legen. Die dabei aber auch über so Alltäglich-Banales wie das letzte Kleingartenfest berichten können. All das macht den Charme eines guten Lokalteils aus. Zum anderen – entschuldige bitte, jetzt wird's persönlich – weil ich in Dich in gewisser Weise meinen Traum meiner eigenen Wanderjahre ›hineinprojiziert‹ habe. Wenn man seine eigenen Träume nicht leben kann, sollte man andere dabei unterstützen … Und das heißt nicht, dass ich keine Träume mehr hätte. Nur hing ich in einer Zeit, in der man seine Wanderjahre macht, in Sachzwängen fest. Grässliches Wort, war aber leider so.«

Menschen in »Sachzwängen«, das sind wir doch im Grunde alle. Die Frage ist bloß, wie weit wir uns hineinzwängen lassen. Wie sehr wir uns ins Raster fügen. Jeder zieht seinen eigenen Bannkreis um den Bereich, in dem er sich noch wohl zu fühlen meint. Die einen weiter, die anderen enger. Der Schweizer Psychiater Carl Gustav Jung schreibt davon, dass Menschen lieber der Konvention folgen als der Intuition, »denn dann können sie wie das Wild auf altgewohnten Wechseln gehen, ohne Notwendigkeit bewusster Entscheidungen.« Jedoch, ein Mensch, der nicht seiner inneren Stimme folgt, »versäumt sich selbst«, sagt er so schön. »Viel, allzu viel Leben, das auch hätte gelebt werden können, blieb vielleicht in den Rumpelkammern verstaubter Erinnerungen liegen, manchmal sind es auch glühende Kohlen unter grauer Asche.« Ich will den verschüttet liegenden Lebensvarianten eine Chance geben, will eine rasterlose Rastlose sein. Will mich selbst nicht versäumen.

Zuletzt habe ich noch ein Blind Date in Freiburg, das ich nicht versäumen will. Mit einem Einheimischen. Ausgerechnet über Facebook bin in im *Walfisch* verabredet, einer Gesellenkneipe. Wie das kam? In der Zeit, als vor einigen Monaten ein kleiner Mini-Shitstorm der Wandergesellen über mich hinwegfegte, hatte ich eine besondere Nachricht bekommen. Ein Steinmetz schrieb mir ganz offen: »Ich würde dich bitten, auf deiner ›Wanderschaft‹ mal kurz in Freiburg im Walfisch vorbeizuschneien! Meine Nummer ist dort hinterlegt. Deine Idee finde ich ja im Grundsatz ganz gut und verständlich. Doch ich würde dich gerne mal persönlich kennenlernen. Denn zwischen Handwerk und Journalismus besteht halt eine verdammt große Lücke. Ich würde deine ersten Erfahrungen sehr gerne direkt von dir hören. Und bitte, bitte kleide dich nicht so wie wir Gesellen!«

Klare Ansage, und doch habe ich keine Ahnung, was ich erwarten soll. Hasenherz wie ich bin, habe ich panische Angst, in die Gesellenkneipe zu gehen. Dabei hatte ich schon bei der Hamburger Wirtin Brigitte nur Bestes erlebt. Über den Walfisch habe ich einige Legenden gehört und ich stelle mir vor, wie eine Trinkhalle voll wütender Wandergesellen auf mich wartet.

Ich lasse mir am Tresen die Nummer geben – und staune, dass mal wieder alles ganz anders kommt als gedacht. Der Abend beginnt mit einer Pfannkuchen-Happy-Hour um 18 Uhr und endet nach einer großen Feierei morgens um 6 Uhr. In dieser fantastisch rauschhaften Nacht lerne ich viel Neues über Wandergesellen, von dem das meiste hier ungesagt bleiben soll. Malte, der neugierige Steinmetz, entpuppt sich jedenfalls als feiner Kerl. Ich lache mich schlapp über die sonderbaren Geschichten, die er von seiner Tippelei erzählt. Zum Beispiel wie er, Malte, einmal mit den Maltesern nach Maltern getrampt war, ehrlich wahr. Ich ziehe gerade an einer schwarzlackierten Pfeife eines wild tätowierten Mannes, als ich so herzhaft loslachen muss, dass die Funken in alle Richtungen stieben. Im Morgengrauen erklärt Malte mir an jedem zweiten Freiburger Haustor die verwendete Handwerkstechnik; Steinmetze wollen ja stets etwas Bleibendes hinterlassen, und sei es ein guter Eindruck. Er schenkt mir eine Papierlaterne, die er selbst gebastelt hat. Dass das Ding bald bei einer Gesellenfeier in Flammen aufgehen würde, konnte da noch keiner ahnen. Insgesamt zeigt sich aber ein Muster: Es lohnt sich dahin zu gehen, wo das Bauchziepen am schlimmsten ist. Und es lohnt sich die Abreise zu verlumpern. Hey, wenn dies hier ein Lumpenleben ist, dann mag ich es gerne. Und so endet meine Freiburger Zeit, wie es sich am schönsten reimt: Ich bleibe heiter, reise weiter.

Heimatlose im Westerwald – Willkommenskultur hierzulande

Dosenbier im Doppelstockbett, dazu Tiefkühlpizza in der Jugendherberge: Hallo in Rheinland-Pfalz. So schnell wie hier hatte ich noch nirgends ein Pils in der Hand. Von der Autobahnraststätte Heiligenroth hinein nach Montabaur gepurzelt. Eine Stadt, die man noch am ehesten für ihren ICE-Bahnhof kennt. Konstanten deutscher Kleinstädte: Ein Marktplatz mit Billigbäcker und Sparkassenfiliale, ein Rathaus aus den 80ern, über dessen geplanten Abriss die Lokalzeitung schon seit Jahren spekuliert. Durchgefragt zur Redaktion der *Westerwälder Zeitung*, dem Regionalteil der *Rhein-Zeitung*. Vor mir steht Stolli. So nennen sie hier den Regio-Chef Michael Stoll. In seinem Büro lehnt eine E-Gitarre an der Wand, darüber hängen Fotos von Rockstars, auf seinem T-Shirt prangt Jimi Hendrix. Hier will ich arbeiten. Stoll mustert mich, wie ich mit meinem nassgeregneten Rucksack zur Tür herein strawanze. Es ist Montagabend, Redaktionsschluss, die Journalisten wollten gerade nach Hause gehen. Er sagt: »Warte mal«, geht, kommt wieder und drückt mir drei Dosenbier in die Hand. Ja, ich bin hier willkommen. Ich darf auch in der *Westerwälder Zeitung* mitarbeiten. Für eine Woche soll ich in der Jugendherberge in Montabaur untergebracht werden.

»Bund deutscher Zupfmusiker, Ausbilderkurs für Mandoline und Gitarre«, steht an der Tür geschrieben. In der Jugendherberge haben sich ein Orchester und eine Horde Schulklassen eingemietet. Und ich. Heute bin ich Herrscherin in einem verlassenen Sechs-Betten-Reich. Der jugendliche Übermut meiner Zimmernachbarn findet sein Ventil in einer Überdosis Deodorant, das die Halbwüchsigen im Gang versprühen. Nettes Haus, es gibt Hagebuttentee und ein Redakteur steckt mir rasch noch 30 Euro zu, damit ich die Übernachtung bezahlen kann. Die Abmachung ist: Ich schreibe, dafür werde ich in der Jugendherberge untergebracht. Als Nachtlektüre bekomme ich von den Kollegen die aktuelle Zeitung mitgegeben und weiß sofort, ich bin am richtigen Ort. Allein die Titel- und Unterzeilen wecken meine lokaljournalistische Neugier. Das Dorf Rückeroth will Adolf Hitler die Ehrenbürgerwürde aberkennen, heißt es, wurde ja auch Zeit. Nächste Überschrift: »Tierheim Montabaur kämpft mit einer Stubentigerflut«, ein Text über eine Katzenschwemme im Aufnahmelager für Haustiere. Das Wort »Stubentigerflut« geht sofort in das Glossar meiner Allzeitlieblingswörter ein. Danach lese ich noch einen Artikel mit dem Titel »Vorsicht, wenn ein Fremder klingelt!«, in dem die Autorin vor Trickbetrügern und Dieben, ja generell vor Fremden, warnt. Dazu Tipps von der Polizei, dass man vorsichtig sein solle, wenn jemand an der Haustür um ein Glas Wasser oder Zettel und Stift bitten würde. Man warnt also vor Leuten wie mir.

Glück für mich, dass die Lokalredaktion sich nicht an ihre eigenen Tipps hält und durchaus die Tür öffnet, wenn eine Fremde klingelt. Eine Woche lang darf ich beim Zeitungmachen zuschauen. Ich werde in das Haupthaus der *Rhein-Zeitung* kutschiert, das in einem Gewerbegebiet in der Nähe des Koblenzer Straßenstrichs liegt. Ich spiele Mäuschen in spannenden Konferenzen, gerade tüftelt man bei der *Rhein-Zeitung* an einem virtuellen Schlaglochmelder. Die *Rhein-Zeitung* wollte ich auch deshalb besuchen, weil sie so einen guten Ruf in der Netzwelt hat. Sie war eine der ersten Regionalzeitungen mit eigenem Social-Media-Beauftragten und ist im Internet umtriebiger als andere. Wenig überraschend, dass mich die Kollegen auf ihren digitalen Kanälen fahnenschwenkend begrüßen. Ein Twitter-Gewitter bricht über mich herein, dabei mag ich das gar nicht so. Erst fotografiert mich der charmante Chefredakteur gemeinsam mit dem Digitalchef und twittert das Bild. Dann macht der Digitalchef ein Foto, wie ich mit dem stellvertretenden Chefredakteuer rede und postet das auf Facebook. Beim dritten Foto schaue ich reichlich gequält und kümmere mich statt um meine Onlinepräsenz lieber um den Apfelkuchen der Sekretärin. Von den liebenswürdigen Rheinländern bekomme ich schließlich eine Karnevalsplakette zum Umhängen geschenkt. Auf der sind ein Harlekin und der Schriftzug »Total Lokal!« zu sehen. Ich bin jetzt also zertifizierter Provinzpressefan.

Für mein Handwerk lerne ich am meisten im Meisterschnack mit Regio-Chef Stoll. Der Typ hat Haltung. Er sagt: »Zeitung machen heißt, sich einzumischen, und das bedeutet: Ich kann auch etwas verändern.« Er erklärt mir, warum er sich so gerne von Lesern beschimpfen lässt, zum Beispiel beim Stammtisch. Das ist eine Veranstaltung, bei der sich die Redakteure den Fragen, Vorwürfen und Wünschen der Leserschaft stellen. »Mal werden wir mit Standing Ovations begrüßt, mal geteert und gefedert.« Ich will von Stoll wissen, wie er sich seine Leser vorstellt: »Weiblich, Mitte 50, katholisch, auf dem Land lebend. Ich glaube, die Kür unseres Berufes ist

es, so interessant schreiben zu können, dass Oma Puhvogel es versteht und der Professor nicht gelangweilt ist.« Da muss ich lachen und an meinen ersten Wortwalz-Stopp im oberbayrischen Pfaffenhofen denken. Dort hatte mir Lokalchef Rudi von einer Verwandten dieser ominösen Oma erzählt, er sagte damals: »Du musst so schreiben, dass dich die Huber-Oma aus Jetzendorf versteht.« Genau wie der Kollege aus Pfaffenhofen liebt auch Stoll seine Heimat. Er scheut sich nicht, seine Verbundenheit mit der Region zu zeigen: »Fühlen ist ganz wichtig. Da wird selten drüber gesprochen in unserem Beruf. Aber ich glaube, dass die Emotionalität eine ungeheuer große Rolle spielt«, sagt er. »Ein Lokaljournalist, der die Menschen nicht mag und die Region nicht liebt, kann kein guter Lokaljournalist sein.« Schließlich will ich von Stoll, dem Rockmusikfan, noch wissen, was ich hier im Westerwald bei ihm lernen kann. Er sagt: »Sie können Lokaljournalismus von der Pike auf lernen. Vom Männergesangsverein über die Jagdhornbläser bis zum Symphonieorchester. Das haben wir alles hier. Und im Westerwald können Sie Schnapstrinken lernen. Basaltfeuer, 56 Prozent. Furchtbares Zeug. Aber das schreiben Sie bitte nicht …«

Ich bin gerne zu Gast im Westerwald. Nur frage ich mich: Wie sehr muss ich eine Region lieben, um dort leben und von dort berichten zu können, ja vielleicht sogar dort ankommen zu können? Was muss passieren, damit man Fremden die Tür zu seinem Zuhause öffnet? Diese Fragen beschäftigen mich noch aus einem anderen Grund. Dies ist die dritte Lokalredaktion auf meiner Reise, in der ich zum Thema Flüchtlinge recherchiere. Ich habe mir vielerorts Unterkünfte angeschaut, beklommen vor Metallbetten und Kleiderkammern gestanden, mit überforderten Betreuern gesprochen. In jedem Kreis, jeder Kommune und damit in jeder Lokalzeitung ist es im Sommer 2014 die große Frage, wie mit Flüchtlingen umgegangen werden soll. Beim Lesen der Artikel hatte ich manchmal das Gefühl, es gehe darin nur um Quoten und Verteilungsschlüssel, nicht um die Menschen. In Montabaur darf ich mir die Zeit nehmen, das Thema eine Woche lang zu recherchieren. Ich lasse mir im Rathaus die Zuwandererzahlen und Prognosen zeigen und warte stundenlang im Haus der Verbandsgemeinde, bis der Reisebus aus der Erstaufnahmeeinrichtung ankommt. Die Menschen, die aussteigen, sehen müde aus; sie werden verwaltet. Der erste Satz, den sie hören, klingt wie am Flughafen: »Die Pässe, bitte«, sagt die Beamtin zu den Gestrandeten. Armenier, Georgier, Syrer. Die letzten Wochen haben sie im überfüllten Erstaufnahmelager verbracht. Wohin sie jetzt kommen, weiß keiner von ihnen. »Wir sind hier nur die Verteilstation«, sagt der Sozialarbeiter.

Mit sieben Koffern und 13 Plastiktüten ist auch Familie Younes aus Syrien hierhergekommen. Vater Younes, Mutter Zahira, Sohn Hamad und zwei Kleinkinder. Mit großen blauen Augen schaut der Vater sich fragend um. Aus Damaskus kommt er, das kann er sagen. Was er erlebt hat, kann er nicht mitteilen. Er trägt einen Zettel der Caritas bei sich mit Telefonnummern und Ansprechpartnern. Mit kleinen Strichmännchen ist darauf erklärt, dass er heute, am Tag des Transfers, um 6.30 Uhr sein Zimmer im Lager aufzuräumen hatte.

Ich besuche das Sozialamt der Verbandsgemeinde Montabaur, wo man sich um die Unterbringung der geflüchteten Menschen kümmert. An der Bürotür eines Beamten steht: »Aus hygienischen Gründen wird der Sachbearbeiter kein fremdes Handy mehr zum Telefonieren benutzen.« Viele hatten versucht, einen Übersetzer an den Hörer zu bekommen. Nun sitzt man sich rat- und sprachlos gegenüber. Eine Deutschlandkarte wird gezückt. »Dies ist Rheinland-Pfalz, dies ist der Westerwaldkreis«, erklärt eine Mitarbeiterin dem syrischen Familienvater Younes. Er nickt tapfer, versteht aber kein Wort. »Sie dürfen das Bundesland nicht verlassen. Wenn Sie Ihre Freunde in Stuttgart besuchen wollen, müssen sie das vorher bei der Ausländerbehörde genehmigen lassen.«

Für Flüchtlinge ist das Reisen kein Abenteuer. Diese Menschen sind heimatlos – ohne den Wunsch danach verspürt zu haben. Der Bereich, den sie nicht verlassen dürfen, ist nahezu gleich groß wie der Bannkreis eines Wandergesellen. Die einen dürfen nicht raus, die anderen nicht rein. Sind die Flüchtlinge einmal registriert, zwingt die Residenzpflicht sie zum hilflosen Ausharren. Gebannt sind sie im ganzen Land. Geflüchtete dürfen nicht arbeiten, sie dürfen nicht reisen. Während Wandergesellen frohen Mutes mit einem kleinen Bündel Gepäck, dem Charlie über der Schulter, losziehen und das Abenteuer suchen, erleben manche Flüchtlinge den Verlust ihrer Existenz und stranden vor den Toren unserer Speckgürtelgebiete mit nur einer Reisetasche als verbliebenem Familienbesitz. Wandergesellen werden mit offenen Armen empfangen, eingeladen, hereingebeten; Flüchtlinge mancherorts mit ausgestreckten, von sich weisenden Gesten fortgeschickt. Für wen gibt es in diesem Land Gastfreundschaft? Nur für jene, die dieses komplizierte Wort auch aussprechen können?

Wieder einmal wird mir klar, was für ein unglaubliches Privileg es ist, dass ich überall aufgenommen werde. Ich bin froh, dass mir so vieles zufällt. So unverdient leichtfällt. Nur weil ich einen weinroten EU-Pass habe und zufälligerweise die richtige Sprache spreche. Mir öffnen Menschen seit Wochen und Monaten schnell und unkompliziert Türen und Herzen. Man gibt mir Essen und Schlafplätze. Manche waschen meine Wäsche, ein Kollege schenkt mir eine riesige Schokoladentafel zum Abschied. Die Redaktionspraktikantin der *Westerwälder Zeitung* fährt mich zur Autobahnraststätte und steckt mir dort heimlich einen 20-Euro-Schein in den Rucksack als Reiseunterstützung. Überall hagelt es Hilfe. Das ist wunderbar. Und manchmal denke ich doch, es steht mir gar nicht zu. Ich wünschte, ich könnte mehr von der Großzügigkeit und Gastfreundschaft an jene Menschen weiterleiten, die sie wirklich benötigen. Zweifel nagen an mir, weil mich so viele Leute kostenlos bei sich aufnehmen, ich also ein Bett beanspruche, das ich eigentlich nicht bräuchte. Ich muss weinen, das einzige Mal auf dieser Reise. Ich ringe mit meiner Rolle als Reporterin und merke, dass ich gerade dabei bin, mich mit einer Sache gemein zu machen. Ich fühle mich hilflos, wenn ich die Gesichter der syrischen Kinder sehe und schäme mich, dass das schöne Wort Willkommenskultur in Deutschland für einige ein Fremdwort ist.

Dabei braucht es gar nicht viel, um gastfreundlich zu sein. Selbst die Obdachlosen, mit denen ich in Hamburg unter der Brücke übernachtete, boten mir damals großzügig Sicherheit und eben eine »Brücke überm Kopf«, obwohl sie kein eigenes Heim hatten. Oft ist mir aufgefallen, dass ausgerechnet jene Menschen am meisten geben, die am wenigsten haben. So bin ich auf dem Weg nach Montabaur auf der Autobahn in einem Umzugslaster mitgetrampt. Mit einem weißrussischen Künstler und einem Studenten teilte ich nicht nur die enge Fahrerkabine, sondern auch ihre selbstgedörrten Apfelringe. Sie gaben ganz selbstverständlich. Es wäre ihnen nicht in den Sinn gekommen zu sagen: »Wir können dich nicht mitnehmen, hier ist es zu eng.« Geringverdiener sind oft Großgeber.

Rheinland-Pfalz ist eine Region, in der ich mit vielem hadere. Ich habe mich an dem Begriff Heimatzeitung in den vergangenen Wochen abgearbeitet. Zwischen Kleinstadthölle und Landidylle habe ich mich gefragt, woran ich »meinen Ort« erkenne. Wer in deutschen Stadtregistern nach einem

Ort namens »Zuhause« sucht, der kommt nicht weit. Zur Auswahl stehen Zusmarshausen oder Zuzenhausen; ein Ankommen kann nicht garantiert werden. »Nach Hausen«, diesen Wegweiser habe ich ganz am Anfang der Reise am Straßenrand entdeckt. Ich bin der Ausschilderung damals gefolgt und habe dort mein Nachtlager aufgeschlagen. Unterm Himmel, neben einem Baum, auf der Straße. Für mich ist klar, Zuhause ist nicht dort, wo das Wörtchen Home auf der Fußmatte steht.

Jetzt ist es Mitte Oktober. Das geplante Ende der Wortwalz am 1. November rückt immer näher. Aber ich hinke hinterher. An so vielen Orten war ich noch nicht. In Montabaur bin ich an einem Nähladen vorbeigelaufen, wo ein Kurs angeboten wurde. »Angefangenes zu Ende bringen«, stand dort geschrieben, für zehn Euro pro Tag. Diesen Kurs müsste ich vielleicht besuchen. Gerade bin ich am Rätseln: Wie soll die Reise weitergehen? Ich war noch kaum im schönen Osten, ich habe noch keine Lust damit aufzuhören, durch den Lokaljournalismus zu stöbern. Es gibt noch so viel zu lernen. Wie soll ich Angefangenes zu Ende bringen, ohne dabei den Faden zu verlieren? Und wohin soll ich gehen, wenn ich gar nicht weiß, wohin ich hingehöre?

Hände haben
Workshop
10,-
Angefangenes zu Ende bringen ...
Jeden 2. Samstag im Monat
11 - 14 Uhr
12.7. 9.8. 13.9. 11.10. 8.11.

Weimar – Wildwechsel in der Zone

Es gibt so viele Arten sich fortzubewegen. Laufen, Gehen, Wandern sind nur drei davon. Ich habe mal nachgeschaut, wie viele Synonyme für das Auf- und Davonmachen sich finden lassen. In einem Hilfebuch für Menschen, die gern an Kreuzworträtseln knobeln, sind 26 Vorschläge als Lösungswort für »Art der Fortbewegung« aufgezählt. Von Kriechen über Schleichen bis Tänzeln. Von Marschieren über Waten bis Schreiten. Hasten, Bummeln, Spurten, Hopsen. Wie wundersam vielfältig man den Ort wechseln kann. Ich bin der Meinung, man sollte all diese Arten einmal ausprobiert haben.

Auf der Autobahn bin ich heute unterwegs Richtung Osten und lerne die 27. Art der Fortbewegung kennen: Vorwärtsrobben beim Volleyballspielen. Beim Sitzvolleyballspielen, um genau zu sein. An einer Raststätte habe ich den Beifahrer eines Kleinbusses gefragt, ob ich mitfahren darf. Ich sah fünf junge, sportliche Männer im Bus sitzen, riskierte ein Lächeln und erntete freundliches Augenbrauenwackeln. Die Insassen beratschlagten sich kurz und sagten, ja, du darfst mitfahren. Die Schiebetür des Busses öffnete sich – und keiner stieg aus, um mir Platz zu machen. Denn dies ist der Bus einer Mannschaft Sitzvolleyballer. Die Männer sitzen im Rollstuhl, gehen an Krücken oder sind amputiert. Ich bin kurz baff, von dieser Sportart habe ich noch nie gehört. (Später lese ich nach, dass das Spiel genau wie Steh-Volleyball gespielt wird, nur dass der Hintern bei der Ballberührung Bodenkontakt haben muss. Wieder was gelernt.) Ich krabbele also auf die hintere Sitzbank neben Dominik, er ist breitschultrig, muskulös und trägt ein Shirt mit V-Ausschnitt. Der Wagen rollt los, wir reden, er ist charmant. Routiniert erzählt er: »Ja, ich wollte mal Fußballer werden, war in der Jugendauswahl, dann hab ich Knochenkrebs gekriegt und das Bein abgenommen bekommen.« Ich sage spontan: »Das ist ja scheiße!« Er schaut ein wenig überrascht, junge Kranke sind ja sonst Mitleidsrhetorik gewöhnt. »Genau«, sagt er und wir lächeln uns an. Ein paar Raststätten weiter hat der Bus einen Motorschaden. Ich springe raus, suche nach einem neuen Fahrer. Ich winke den Jungs und wünsche ihnen viel Erfolg beim nächsten Sitzvolleyballturnier. Ohne das Trampen hätte ich heute wohl einmal weniger gestaunt, einmal weniger geflirtet.

So geht der wilde Ritt gen Osten weiter. Ein junger türkischer Mann nimmt mich in seinem Fiat mit. Er stellt sich vor als Nihad. Um mir seinen Namen zu merken, baut er mir eine Eselsbrücke: »Stell dir vor, du sagst: ›Nie hatt' ich Freunde!‹ So heiße ich.« Ich muss lachen. Nihad grinst gequält. Er mustert mich auf dem Beifahrersitz in meinem abgerissenen Karohemd und sagt: »Ich weiß nicht, ob ich Mitleid mit dir haben soll, so wie du hier an der Autobahn stehst. Das ist doch gefährlich für eine Frau.« Ich erkläre Nihad, wie ich seit Wochen durchs Land reise, ohne dass mir etwas zugestoßen ist. Wie ich darauf vertraue, dass halt immer genau das passieren wird, was passieren soll. »Hm«, sagt Nihad und erzählt mir die Geschichte, wie ihm mal das Portemonnaie geklaut wurde. Am gleichen Tag fand er ein Handy auf der Straße und brachte es dem Besitzer zurück. Kurz darauf tauchte auch sein Portemonnaie wieder auf. Nihads Version von Reisekarma geht so: »Es ist ganz einfach«, sagt er: »Gutes zieht Gutes an, Böses zieht Böses an.«

Das Gute klebt mir bei den folgenden sieben Lifts des heutigen Tramptages wie Kaugummi an den Hacken. Ich steige ein bei einer Industriekauffrau, die einen Kitkat-Schokoriegel in der Mitte durchbricht und sagt: »Die sind doch zum Teilen da, nicht wahr?« Danach nimmt mich ein Bundeswehrsoldat in Uniform mit, später zwei Schwestern mit Käppis voller Glitzersteinen. An einer Raststätte sagt eine alte Frau zu mir warnend: »Nehmen Sie immer Pfefferspray zum Trampen mit!« Doch wozu sollte ich mich bewaffnen? Etwa, um mich vor Elena zu schützen, meinem nächsten Lift? Sie, eine blonde Frau mit Kunstfingernägeln, sackt mich auf der A4 ein und wir gackern viel. Trampen ist Hingabe. Man gibt sich dem hin, was kommt. Trampen ist jedoch nicht: Das Ausschalten der Vernunft. Jeden Fahrer und jede Fahrerin schaue ich mir an, überlege, ob ich einsteigen werde. Mit jeder Fahrt wächst mein Vertrauen – nicht in die gesamte Menschheit, sondern in mein Bauchgefühl.

Kurz vor Kassel lande ich im Wagen eines Mannes, der seine Karriere in der Automobilbranche beendete, um ein Fahrradgeschäft aufzubauen. Dann nimmt mich ein gelernter Koch mit, der heute Kurierdienste fährt und mir sein Lieblingsrezept für Linsensalat verrät. Erfurt erreiche ich als Beifahrerin eines Sozialrichters, der von den dramatischen Fällen in seinen Verhandlungen berichtet. Ich bin vom vielen Erzählen und Geschichtenhören schon ganz müde und nicke ein. Der Sozialrichter beendet gerade seine letzte Anekdote, als ich die Augen wieder aufschlage. Plötzlich sagt er: »Und deshalb habe ich keine Angst vor dem Tod.« Ich sage: »Aha«, bedanke mich fürs Mitnehmen und stolpere in den dunklen Erfurter Abend hinaus aufs nasse Kopfsteinpflaster. Ich habe viele Hundert Kilometer zurückgelegt und war in lauter Leben zu Gast. Jetzt bin ich in einer Stadt, in der ich niemanden kenne. Es ist Zeit, einen Schlafplatz aufzutreiben. Ich stapfe den Gehweg entlang und höre hinter mir Schritte. Auf gut Glück drehe ich um und frage den Geräuscherzeuger: »Wo kann man hier bitte ein Bier trinken?« So treffe ich Peppi, einen thüringischen Motorradmechaniker und Fitness-Drill-Instructor, der mich überrascht anschaut. Er gibt mir eine Wegbeschreibung zur nächsten Kneipe und meint dann: »Ach komm, Mädchen, ich zeige dir den Weg eben.« Ich marschiere neben Peppi her, wir reden über Motorräder und als wir vor der besagten Kneipe ankommen, sagt er: »Ach komm, ich setzt mich eben zu dir und trink ein Bier mit.« Ich bin einverstanden und so reden wir den ganzen Abend und schließlich sagt er: »Ach komm, du kannst deinen Schlafsack auch eben bei mir auf der Couch ausrollen.« Übernachtungsplatz für heute gesichert. So läuft das. Es hat sich alles gefügt. Es ist alles schon da. Am nächsten Tag will ich frühmorgens nach Weimar weitertrampen. Als der erste Mensch am Straßenrand anhält, um mich mitzunehmen, bin ich überrascht. Es ist ein Freund von Peppi, meinem gestrigen Gastgeber. Wie klein die Welt doch ist.

Seltsame Synchronizitäten. Die menschlichen Begegnungen am Straßenrand setzen sich in mir fest wie Strandgut im Sediment. Das Menschenkarussell in meinem Kopf dreht sich, als ich die ersten Schritte in die schöne Stadt Weimar setze. Überall in der Stadt stehen Zitate an den Hauswänden. Luther

darf sagen: »Die Welt ist voller alltäglicher Wunder«, ein paar Häuserblocks weiter steht Herder mit »Heimat ist da, wo man sich nicht erklären muss.« Die Studenten der Bauhaus-Uni und der Musikakademie trudeln durch die Gassen, Familien und Touristen strömen in das Goethe-Haus. Sanierte Fassaden, heile Welt.

Ich weiß nicht, welches Datum wir haben, und ich bin nicht sicher, ob gerade Zeitumstellung war. Ich beginne wieder eine neue Woche in einer neuen Redaktion. Der wie vielte Arbeitsbeginn an einem unbekannten Schreibtisch ist das jetzt? Der zehnte oder zwölfte? Ich verliere den Überblick. An den immer neuen Schreibplätzen kann ich mich mittlerweile recht routiniert einfinden. Die Unterschiede und Ähnlichkeiten der Redaktionssysteme, die in Deutschland im Einsatz sind, durchschaut man irgendwann. Die üblichen Hierarchieanordnungen zwischen etabliertem Chef, klein gehaltenem Konkurrenten und gestresster Jungredakteurin kommen mir auch langsam bekannt vor. Aber ich will nicht verlernen, die Hand immer wieder auszustrecken. Also los, neue Redaktion, neues Glück.

Ich stehe vor dem Pressehaus am Goetheplatz. Hier poltere ich mal wieder in eine prekäre Situation auf dem Zeitungsmarkt: Die *Thüringer Allgemeine* und die *Thüringische Landeszeitung* waren einst Konkurrenten und sollen heute Kollegen sein. Die Lokalredaktionen sitzen in zwei Stockwerken des gleichen Hauses. Sie tauschen Texte, aber keine Zuneigung miteinander aus. Bis vor zwei Jahren versuchten sie jeweils besser zu sein als der andere. Dann sollten sie einen Abend lang gemeinsam Bowlen gehen, im Verlag sprach man von Synergieeffekten, und nun darf man sich am gemeinsamen Textbuffet bedienen. Das macht alle unglücklich. Ich spreche bei der *Thüringischen Landeszeitung* um Arbeit vor, wie ich es auf der Wortwalz gelernt habe. Die Euphorie hält sich in Grenzen. Man braucht hier niemanden, der mehr Arbeit macht, sondern jemanden, der Arbeit abnimmt. Und keine reisende Reporterin, für die man einen Schlafplatz finden muss! Es ist ein großes Jammertal. Das kann ich gut verstehen, alle wirken überlastet. In den ersten fünf Minuten rutscht mir die Frage heraus: »Und macht es Ihnen Spaß, hier Lokaljournalistin zu sein?« Die Kollegin schnäuzt erschöpft in ihr Taschentuch und sagt: »Ach wissen Sie, hier hat sich viel verändert.«

Ich erlebe, was ich vielerorts schon gesehen habe, nur hier eben gebündelt: In den letzten Jahren sind immer mehr freie Redakteursplätze nicht nachbesetzt worden. Volontäre werden nach einem Einjahresvertrag nicht übernommen, dürfen aber gerne als mies bezahlte, freie Mitarbeiter weiterarbeiten. Die Zeilen müssen runtergehackt werden. Wenn der Pfarrer das »Wort zum Sonntag« auf Schreibmaschine getippt persönlich vorbeibringt, dann bedeutet das wieder: noch mehr Arbeit. Für vieles reicht deshalb die Zeit nicht. Bei anderen Blättern habe ich standardmäßig morgens eine Blattkritik erlebt, wie bei der *Schwäbischen Post* in Aalen. Es gab unterhaltsame Serienformate wie beim *Nordbayrischen Kurier* in Bayreuth, oder aktive Lokaltwitterer wie bei der *Rhein-Zeitung* in Koblenz. Hier gibt es Pflichtprogramm, kurz vorm Ermüdungsbruch. Einen Platz zum Mitarbeiten bekomme ich dennoch. In den nächsten Tagen soll ich die Sekretärin vertreten und Telefondienst machen. Ich werde in dieser Woche zweimal die Titelgeschichte des Lokalteils schreiben, viel vergebens recherchieren und dabei insgesamt 83 Euro verdienen.

Bei dieser Zeitung begegnen mir lauter seltsame Randfiguren. Im Sekretariat rufen Menschen an und sagen Lösungswörter für Zeitungsrätsel durch, von denen keiner weiß. Dann klingelt es an der Tür und jemand verkündet durch die Sprechanlage: »Hier ist der Eiermann.« Ich muss lachen und denke: »Ja, klar!« Plötzlich steht aber wirklich ein Mann in der Tür mit einem Körbchen frischer Eier, die er an die Redakteure verkauft. Später warnt mich eine Kollegin, ich solle auf meine Zeitungsexemplare aufpassen, die ich im Büro herumliegen lasse. Der Lieferant, der das Mineralwasser bringt, nehme regelmäßig die alten Zeitungen mit. Warum der Mann das macht, will ich wissen. Dafür bekomme man ein paar Cent beim Altpapier, der wolle sich was dazuverdienen. Ich kann das alles gar nicht glauben und auch nicht, dass das hier so zum Alltag dazugehören soll.

Nach einer Woche ist es jedenfalls soweit: Ich wechsle die Seiten. Beziehungsweise die Stockwerke. Ich erinnere mich an die vielen Arten der Fortbewegung und finde, es ist Zeit für einen Sprung. Nach einer Woche bei der *Thüringischen Landeszeitung* gehe ich zur Redaktion der *Thüringer Allgemeinen*, die zum gleichen Verlag gehört. Auch diese Redaktion ist chronisch unterbesetzt – ein Lokalchef und eine Redakteurin produzieren gerade alleine die vierseitige Lokalbeilage. Der Lokalchef fährt nach Mitternacht noch raus zu einem Autobahnunfall und macht am nächsten Tag vier Termine. »Der Tag diktiert so viel auf, das blockiert dich«, sagt er. Abends kommen wir gegen 23 Uhr aus der Redaktion.

Was ich bei der Lokalzeitung erlebe, deckt sich so überhaupt nicht mit meinen Erlebnissen im Rest der Stadt. Weimar ist ein Ort mit wachen Menschen, kreativen Köpfen und beherzten Unternehmern. Die Geschichten liegen auch hier auf der Straße, und das ist keine Floskel. Der schönste Artikel, den ich im Lokalteil unterbringen kann, handelt von einer sehr sonderbaren Begegnung, die ich in einem Weimarer Café hatte. Mit einem Elfenforscher! Es war Nachmittag, als ich mich an einen kleinen Tisch am Fenster setzte und eine Pastinakensuppe bestellte. Plötzlich öffnete sich die Tür und ein großer junger Mann mit Kinnbart, Schirmmütze und Lederjacke kam herein und zog alle Blicke auf sich. Als hätte ich ihn gerufen, nahm er an meinem Tisch Platz. Legte ein in Leder eingebundenes Buch auf den Tisch und stellte sich laut vor als

Doc Pádraig McDooley. Von Beruf: Elfenforscher. Bitte was? Ja, er sei den Mythen und Sagen auf der Spur und würde mir nun gerne hier und jetzt eine Geschichte erzählen. Für eine Stunde verfiel ich der Samtstimme von Alexander, eine magische Begegnung.

»Im Osten geht die Tür schwerer auf. Aber wenn, dann ganz weit.« Dieser Satz stammt von Magdalena Bössen, einer famosen Frau, die zur gleichen Zeit wie ich in bester Walzmanier durch Deutschland reiste und für Kost und Logis Gedichte vortrug. Unsere Erfahrungen in Weimar ähneln sich, auch ich erlebe, dass manche Türe hier erst knarzte und sich dann weit aus den Angeln lehnte. Schon am ersten Tag habe ich in Weimar ein Paradies entdeckt. Ich bin zur geduldeten Besetzerin einer leerstehenden Luxuswohnung geworden. Den Haustürschlüssel drückte mir Anselm einfach so in die Hand. Ein Hotelier und Immobilienmanager, könnte man sagen, und doch wird ihm diese Reduktion auf den Beruf nicht gerecht. Er ist Feingeist, Familienmensch, Fantast. Ohne mich zu kennen, vertraute mir der große hagere Mann mit weichem Blick ein zwischenzeitlich unbewohntes Mietobjekt an. Für lau. Fünf Zimmer, Eckbadewanne, Eichenholzparkett. »Bleib so lange du willst, die nächsten Mieter ziehen erst in ein paar Monaten ein«, sagte er. Dabei kannten wir uns gar nicht. Anselm schleppte noch eine Federkernmatratze die Treppen hoch und bestand darauf, mir auch einen Tisch und eine Stuhl bereitzustellen. Er lud mich zum Essen in das Restaurant seines Familienhotels ein, bot mir seinen Computer mit Internetzugang an und erzählte von seinen Reisen nach Russland. Die bescheidene, fast demütige Art, in die dieser Mann seine Großzügigkeit verpackte – sozusagen mit Schleife oben drauf –

kehrte mein Vorurteil über Immobilienmanager um. Wie schön, wenn einer, der viel hat, auch viel gibt. Von Anselm lerne ich den tattoowürdigen Satz: »Wenn eine Tür offensteht, muss man auch durchgehen.«

Deshalb habe ich mich in Weimar so gut eingenistet. Zwei Wochen bleibe ich allein in der riesengroßen Wohnung, ohne Möbel, ohne Lampen. Wie der »Arme Poet« in dem berühmten Gemälde von Carl Spitzweg liege ich auf meiner Matratze unter Gebälk und Dachschräge und sinniere vor mich hin. »Hallo!«, rufe ich nach Feierabend in die leere Luxuswohnung. Das Herbstlicht wandert über die Dielen und ich stelle mir vor, wie hier demnächst eine Familie einziehen wird. Ich trinke Rotwein aus ausgespülten Plastikjoghurtbechern, ganz so wie meine Eltern das damals in der DDR auch gemacht haben. Ich kaufe mir eine kleine Laterne mit einer elektrischen Funzel als Leselicht und sehe damit aus wie ein Anglerfisch aus der Tiefsee, wenn ich nachts durch die dunklen Flure schreite. Abends liege ich in der Badewanne, lerne Gedichte auswendig und schlage Schaum. Ich kichere und denke an den Werbespruch eines schwedischen Möbelhauses: Nein, ich wohne nicht mehr nur. Ich lebe schon längst.

Überhaupt treibt mich in Weimar die Frage nach dem Wohnen um. Ich recherchiere einen Zeitungsartikel über ein alternatives Hausprojekt. Aus der ehemaligen Lagerhalle eines Stuckateurs will eine Gruppe von Menschen ein gemeinsames Zuhause machen. »Wir wollen anders wohnen«, sagen sie von sich. Auch ein schönes Thema für die Lokalzeitung. Das Besondere an der Idee: Die zehn Menschen hinter dem Verein, darunter eine Bauingenieurin, ein Sozialarbeiter und ein Kunsthandwerker, wollen ein Wohnprojekt mit dem Miets-

häusersyndikat bilden. Das heißt, sie werden zu Gesellschaftern einer Hausbesitz GmbH. Was zunächst kompliziert klingt, hat ein einfaches Ziel: Sie wollen das Haus dauerhaft dem freien Immobilienmarkt entziehen. Damit später niemand die Miete erhöhen oder das Haus verkaufen kann. So etwas gibt es in Weimar bisher noch nicht. Die Kaltmiete soll maximal sechs Euro pro Quadratmeter betragen. Alle Bewohner können gemeinsam entscheiden, wie sie den Wohnraum gestalten. Sie träumen schon davon, wie das Gelände in spätestens einem Jahr aussehen soll: Eine gemeinsame Terrasse soll alle Küchen miteinander verbinden. Hochbeete im Garten und eine Werkstatt wird es geben. Warum sie nicht lieber jeder für sich ein Häusle bauen, will ich wissen. »Das ist eine politische

Entscheidung«, erklärt mir eine Frau mit roter Filzmütze. »Ich möchte keinen Besitz. Ich will mein Zuhause selbst gestalten können, aber ich glaube, dass Wohnraum so etwas ist wie Luft: Er gehört allen und ist nur geliehen«.

Das leuchtet mir ein. In der Wohngemeinschaft unter meiner leerstehenden Luxuswohnung hängt ein Schild in der WG-Küche: »Take only what you need / say ›hi‹ to strangers / share your food / take a friend / go by foot.« Gute Grundsätze fürs Leben. Seit meiner Bekanntschaft mit den Wagenbewohnern in Freiburg frage ich mich: Wozu brauche ich einen festen Wohnsitz? Wozu eine Postadresse? Ich bin genervt, dass mein WG-Zimmer in München so viel Geld kostet. Ich will daran etwas ganz Grundlegendes ändern. Ich glaube, ich brauche jetzt weniger Sicherheit als vorher. Und ich habe eine große Gelassenheit gelernt, denn ich weiß: Ich finde jeden Abend einen Schlafplatz.

Also mache ich mich auch in Weimar auf die Suche nach alternativem Wohnen. Mit einem Klapprad aus Vorwendezeiten, das ich für fünf Euro bei einem Hofflohmarkt erstehe, rolle ich durch die Dörfer auf der Suche nach einer Siedlung namens Wildwux. Das ist das Gelände des hiesigen Wagenplatzes. Eine Siedlung auf dem Acker, wo Menschen in Bauwägen leben. Dort treffe ich schließlich auch einige Wandergesellen wieder, mein Herz hüpft. Ich werde zum Essen eingeladen und schaue dabei zu, wie neue Wägen zum Wohnen hergerichtet werden. Ich fühle mich an Freiburg erinnert, an Milan, der im Lastwagen hauste. Ich beschließe: Ich will einmal anders leben. Ich will lieber teilen und leihen statt kaufen und besitzen. Über eine der Wäglerinnen schreibe ich ein Porträt. Ich darf es jedoch nicht in der Lokalzeitung veröffentlichen, die Bewohner haben Angst um ihren Standort. Ich erinnere mich an die Sommerbaustelle und an den Grundsatz, dass es manchmal besser ist, nicht zu berichten. Also erscheint das Porträt von Nele nur auf meinem Blog. Eines ist mir spätestens in Weimar klar geworden. So viele verschiedene Arten es auch gibt, sich fortzubewegen, so viele verschiede Arten gibt es auch zu bleiben.

Weimar

VAGABUNDIN LEBT IM VAGEN

Nele will anders wohnen. Deshalb nennt die Weimarer Kunststudentin einen Wagen ihr Zuhause.

Wenn Nele über das Dach ihres Palastes läuft, dann klingt es blechern. Das Gewölbe biegt sich unter ihren Füßen, wenn sie mit ihren Wanderschuhen Schritte darauf setzt. Ein Zuhause, eine Hütte, auf der man herumklettern kann. Heute will Nele die Solarzelle neu ausrichten. Also steigt sie ihrem Heim aufs Dach.

Nele, 22, im Kapuzenpulli, studiert Freie Kunst an der Bauhaus-Uni in Weimar. Bürstenkurze Stirnfransen lugen unter ihrem Stirnband mit Katzenmotiv hervor. Die schönen buschigen Augenbrauen zeugen vom Trotz der gebürtigen Dresdnerin. Den braucht es auch, um so ein Leben zu wählen: Hier draußen, weit außerhalb der Komfortzone.

Wenn Nele morgens in die Uni radelt, bergauf, bergab, dann kommt sie aus einer anderen Welt angereist. In dieser Welt, vor den Toren der Stadt, wuchert das Unkraut, wachsen die Apfelbäume. Man holt in dieser Welt Wasser in Plastikkanistern aus dem Brunnen und hackt Holz für den kleinen Brennofen. Man geht aufs Kompostklo und diskutiert im Plenum. In dieser Welt kocht man selbst gezogene Zucchini auf dem kleinen Gasherd im Gästewagen. Wer vorbeikommt, darf mitessen. Diese Welt nennt sich Wildwux.

»Wir sind hier draußen ein bisschen wie Flüchtlinge vor dem Rest der Republik«, sagt Nele. Als sie vor zwei Jahren nach Weimar kam, stand für sie fest, dass sie nicht in ein Zimmer, eine Studenten-WG ziehen würde. Ihr neues Zuhause baute sie selber, innen holzverschalt, gemütlich mit Bett und Retro-Stuhl. Außen die pinke Treppe und die Regentonne, an der Wand ein Sticker aus alten Zeiten, als der Wagen noch auf einer Baustelle stand: »Beim Fahrer gibt's BILD.« Nele muss lachen.

Wenn sie in die Uni kommt, dann fühlt sie sich etwas fremd, manchmal schmutzig. »Ich sehe ja die Blicke meiner Kommilitonen, wenn ich mit meinen matschigen Schuhen reinkomme«, sagt Nele. »Aber ich habe auch keine Lust, den Leuten ständig zu erklären, wo ich mich dusche.« Deshalb erzählt sie nicht groß rum, wie sie lebt. Auch weil die anderen Bewohner dieser Welt am Rande Weimars nicht wollen, dass zu viel darüber gesprochen wird. Deshalb bleibt der wildwüchsige Ort geheim.

Wen Nele in ihren Wagen lässt, der staunt über den Komfort der Genügsamkeit. Ein kleiner Bereich zum Schuheausziehen trennt den Eingang vom Wohnzimmer. Rote Gummistiefel stehen da. An der Wand hängt ein Marderposter, daneben ein hölzernes Architekturmodell ihres Freundes. Auf dem Tisch liegt ein halber Laib Brot, daneben ein Opinel-

Messer. Alles rustikal, bescheiden, nützlich. Die Solarzelle auf dem Dach spendet Strom für Licht und Laptop. In diesem Reich lebt die 22-Jährige so autark, wie sie es mag.

Schon mit ihrer Mutter hat sie in Wohnprojekten und auf Wagenplätzen gelebt. »Ich will mein Zuhause selbst gestalten können und nicht beim Vermieter fragen müssen, ob ich die Wand streichen darf«, sagt Nele. Bevor sie ihr Heim betritt, wäscht sie sich die Hände in der Regentonne. Vorsichtig, damit kein Seifenschaum in den Wasserspeicher gelangt. 30 Euro Vereinsbeitrag zahlt Nele jeden Monat. Besser investiert als jede Miete, findet sie. Davon profitieren alle hier. Auf dem Gelände wird überall getüftelt, gebohrt, gehämmert. Ein Pizzaofen, ein Badezuber, ein Gemüsebeet. Die Menschen hier kümmern sich um ihre Umgebung, reinigen den Bachlauf, bieten Projekte an für Kinder. Es ist ein kauziger Ort, aber auch ein liebevoller, gemütlicher Hort für Menschen, die ein anderes Leben wagen.

Manchmal wird Nele nachdenklich, wie politisch ihre Art zu leben ist. »Wir könnten auch in die Städte gehen und dort Häuser besetzen«, sagt sie und lässt den Blick über die Wiesen wandern, »stattdessen ziehen wir uns hierhin zurück.« Die junge Frau ist Herrscherin eines selbst gebastelten Königreichs. Und doch hadert sie manchmal damit. »Das Leben hier macht rau«, sagt Nele. Nie könne man sich ganz sicher sein, ob man wirklich bleiben dürfe. Weiter geduldet werde. Der Verein hat das Gelände gepachtet, doch wohnen darf man hier offiziell nicht.

Manches an diesem Leben ist auch gar nicht so wildromantisch, wie manch einer mit Aussteigerträumen es sich vorstellt. Wenn Nele im Winter mal ein paar Tage nicht da war, dauert es lange, bis sie den Wagen wieder warmgeheizt hat. Dann sitzt sie im Schneeanzug auf der Bettkante und wartet. Stundenlang. Doch auch wenn Nele in einer juristischen Grauzone lebt, kann sie sich auf eines verlassen: Das Leben hier ist bunt.

Wer in Weimar war, darf nicht gehen, ohne den Platzhirsch zu zitieren. Als ich die Stadt wieder verlasse, laufe ich an einem Straßenschild vorbei. Auf blauem Hintergrund sind zwei Richtungen ausgeschildert. Nach rechts und nach links, beide Wege weisen dasselbe aus: richtig. Ich denke an Goethes Wanderlied, so recht hat er, wenn er sagt: »Dass wir uns in ihr zerstreuen, darum ist die Welt so groß.«

100 Tage Wortwalz:
Die Reise ist um – und geht weiter

6

Mehr als ein Zaungast – Die Heimgehtippelei eines Bäckergesellen

Was sind schon 100 Tage? Fast nichts, möchte man meinen. Wissenschaftler haben errechnet, dass ein Mensch durchschnittlich drei Monate seines Lebens mit Zähneputzen verbringt. Mehr als 100 Tage bürsten, gurgeln, spülen – ständig geben wir Lebenszeit für Dinge aus, die uns notwendig erscheinen, aber banal sind. Was sollen also diese 100 Tage Wortwalz, diese dreieinhalb Monate des Reisens, schon für einen Unterschied machen in meinem Leben? Einen größeren als regelmäßige Mundhygiene allemal. Es fühlt sich an wie eine Wurzelbehandlung.

Die Wortwalz hat mich verändert. Und deshalb geht sie weiter. Ursprünglich sollte diese Reise nach drei Monaten und einem Tag vorbei sein. Aber das ist sie noch nicht. Die Idee hat sich verselbstständigt. Ich will nicht mehr durch mein Leben rasen, sondern reisen. Will nicht wohnen, sondern wandern. Will lieber Lernsehen statt Fernsehen. Ich will selbst noch nicht Abschied nehmen vom Straßenleben. Also beschließe ich, Zaungast zu werden bei dem Abschied eines anderen. Ein wandernder Bäckergeselle, den ich unterwegs kennengelernt habe, geht nach Hause. Und da reise ich jetzt hin.

Ich trampe zurück in den Süden, in den Schwarzwald, bis an die Schweizer Grenze. Alles, was ich weiß, sind folgende Koordinaten: Am 1. November geht der Bäckergeselle Simon in Lörrach heim. Er soll von Weil am Rhein über den Tüllinger Berg kommend übers hiesige Ortsschild klettern. Mit dabei werden einige Wandergesellen sein, seine Heimgeh-Tippelcombo. Und ich freue mich besonders, dass auch Sarah, die Bäckergesellin, da sein wird.

Aber wie findet man sie nun? Einen Haufen Wandergesellen ohne Handys? Irgendwo hier müssen sie ja sein. Also frage ich mich in Weil am Rhein durch. Erst beim Rathaus, dann bei denen, die davor auf Parkbänken sitzen. Remo, der Häuptling der Herumlungernden vorm Rathausplatz, hat hier keinen Gesellen gesehen, aber er schaut mich mit wächsernem Blick an und sagt unvermittelt: »Du wirst noch lernen, dass du nichts weiter brauchst.« Aha, okay, ich suche weiter. Ich treffe Vito, einen durchgeknallten Ungarn, der mit einem leeren Hartschalenkoffer neben einem Brunnen steht und auf einen Bus wartet, der nie kommen wird. »An Landstriiicher bist du, süüüße Maus«, ruft der Wirre. Er besteht darauf, dass ich ein Bier mit ihm trinke. Prost. Danach klappere ich alle Kneipen an der Hauptstraße und schließlich auch die Touristeninformation ab. Ja, ein paar Wandergesellen wurden hier gesichtet, aber keiner weiß, in welche Richtung sie zogen. Ein Fußgänger zeigt nach Osten, der andere nach Westen. Im Getränkemarkt waren wohl zwei, ja. Aber eine Gruppe von 30 Reisenden hat keiner gesehen. So tappe ich durch die Gegend und irre umher.

Als der Tag sich dem Ende zuneigt, beschließe ich, mich weniger aufs Gesellensuchen zu verlegen als vielmehr aufs Schlafplatzsuchen. Ich werde etwas finden – wenn auch nicht das, was ich gesucht habe. Gerade laufe ich an einem Gasthof vorbei, als mich ein Ehepaar anspricht, sie blondiert und mit rotem Lippenstift, er im Sakko und mit zurückgekämmtem Haar. »Wo geht's denn hin?«, fragen die beiden, als sie mich mit meinem Hut und meinem Rucksack sehen. Ich seufze und erzähle heiter die Geschichte meiner heutigen Schnitzeljagd. Barbara und Martin laden mich zum Weißwein ein, ich setze mich. Da fangen sie an zu erzählen. Von ihrem Leben auf großem Fuß, an das sie sich so schön gewöhnt hatten. Und von ihrem Absturz, als ihre Firma pleite gegangen sei und sie Insolvenz anmelden mussten. Martin sagt: »Wir waren schon ganz oben und wir waren schon ganz unten.« Es wird ein aufrichtiges Gespräch, über Hoffen und Scheitern, übers Loslassen. Martin beschreibt sich selbst als einen der »Pioniere des Technologietransfers in Deutschland«. Er pflegte Mercedes S-Klasse zu fahren. Als die Firma pleiteging, kassierte das Finanzamt den Wagen ein und er musste sich plötzlich mit dem ausrangierten Fiat seiner Nichte begnügen. »Es war schrecklich«, sagt er, »unsere alten Freunde vom Golfplatz wollten nichts mehr mit uns zu tun haben, wir konnten nicht mehr mithalten.« Ich erzähle, dass ich noch nie im Leben ein Auto besessen habe und dass selbst ein Fiat Punto einen Statusgewinn für mich bedeuten würde. Einen allerdings, auf den ich nicht besonders scharf bin.

Wir lachen, der Abend wird gemütlich. Wieder einmal entsteht jene seltsame Nähe zu wildfremden Menschen. Ich genieße es, Verbindungen zu knüpfen; ich neige zur Zuneigung. Ständig treffe ich auf dieser Reise jemanden, der schonungslos vor mir sein Innerstes auf links dreht. Ich weiß nicht, wie das kommt, aber mir laufen allerhand Menschen zu, die ohne Scheu und Reue von den Brüchen in ihrem Leben erzählen. Oder von ihren Macken. Am Vortag saß ich zum Beispiel beim Trampen gen Süden im Sportwagen eines erfolgreichen Managers. Der erzählte mir folgende überraschende Anekdote. Er sagte: »Ich versuche, jeden Tag etwas Neues zu machen. Irgendetwas auszuprobieren, das anders ist als sonst. Heute Morgen zum Beispiel habe ich auf meinen üblichen Espresso im Büro verzichtet. Stattdessen habe ich einfach fünf Kaffeebohnen gegessen. Hab sie so im Mund zerknirscht, ging auch. Und jetzt nehme ich auch noch eine Tramperin mit. Ich bin gespannt, was morgen passiert.« Vielleicht ist es das Beste, was beim Reisen passieren kann: Man begreift, auf wie viele unterschiedliche Arten und Weisen man sein Leben leben kann. Oder man am Morgen Koffein zu sich nehmen kann. Oder man sich selbst überraschen kann.

Überrascht bin ich an diesem Abend im Weinlokal auch von meinen spendablen Gesprächspartnern. Seit sie ihren Wohlstand verloren haben, tun sie sich leichter mit dem Geben. Martin und Barbara eröffnen mir: »Jessica, wir haben beschlossen, dass du heute Nacht nicht draußen, sondern in einem warmen Bett schlafen sollst. Wir haben dir hier im Hotel ein Einzelzimmer reserviert. Lass es dir gut gehen.« Ich bin gerührt. Nun schlafe ich auf der Wortwalz in einem Viersternehaus, wer hätte das gedacht. Der Hotelpage raunt mir zu: »Da hat wohl jemand seinen Glückstag heute.«

Am nächsten Morgen geht meine Gesellensuche weiter. Es ist der erste Novembertag. Doch die Sonne kümmert sich nicht um den Kalender, sie gießt Wärme über die welligen Weinberge. Ich sitze am Dreiländereck und Herbstluft weht durch die Rebstöcke. Allein wandere ich über den Tüllinger Berg und sehe von Weitem endlich ein gelbes Ortsschild. Darunter sitzen schon zwei, drei Gesellen, eine junge Frau spielt Harfe. Ich habe den Ort gefunden. Ich lasse mich ins Gras fallen, begrüße die Bekannten, nehme mir ein Bier und muss nun nur noch warten, bis die Heimgeh-Tippelcombo hier ankommt.

Wie in einem Bilderbuch tauchen ein paar Stunden später am Horizont schwarz gekleidete Menschen auf. In Zickzacklinien laufen sie den Hang hinunter. Sie alle tragen Hüte, haben ihr Reisegepäck geschultert und schreiten mit ihren Wanderstäben den Weg entlang. Es ist ein jahrhundertealtes Bild. Genauso gehen Wandergesellen schon seit dem Mittelalter nach Hause. Immer wieder hält die Gruppe an, stellt sich im Kreis auf. Es gibt einige schöne Rituale, die mit dem Heimgehen einhergehen. Ich beobachte sie aus der Ferne. Für den Bäckergesellen ist dies wohl einer der emotionalsten Momente seines Lebens, mutmaße ich. Seine Reisekameraden nehmen nach dreieinhalb Jahren Abschied von ihm. Seine Familie, die Kollegen und die alten Schulfreunde erwarten ihn ungeduldig am Ortsschild. Sie bleiben dort stehen, während sich die Reisenden in Tippelschritten nähern. Die Rückkehr ist symbolisch aufgeladen. Die rund 30 Gesellen, die den Bäcker begleiten, bauen dem Heimkehrer aus ihren Wanderstöcken eine Art Leiter zum Ortschild hinauf. Gestützt von seinen Kameraden erklimmt er die letzten Zentimeter und sitzt schließlich oben auf dem Schild. Es sind fast vier Jahre vergangen, seit er das letzte Mal hier in seinem Bannkreis war. Seine Gesichtszüge werden weich, ein großes bärtiges Grinsen breitet sich aus. Und dann lässt er sich fallen. Rücklings zurück ins Restleben. Die Familie fängt ihn auf der anderen Seite des Schildes auf, die Freunde tragen ihn. Ein Kuss für die Mama, eine feste Umarmung vom Vater, der selbst Bäckermeister ist und schon ungeduldig darauf wartet, dass der Sohn den Betrieb übernimmt. Der Junge ist wieder daheim. Und ist längst zum Mann geworden.

Natürlich gibt es dann noch ein großes Fest. Das Haus der Stadtmusik ist gemietet, Buletten und Spanferkel lagern am Buffet. Die Familie erlebt nun all die schönen Rituale, die zum Ablegen der Kluft gehören, zum Wiedereingliedern in den Alltag. Die Gesellen singen das Einheimischlied, dessen Refrain so lange wiederholt wird, bis sich der Heimkehrer von all seinen Reisekameraden verabschiedet hat. Eine traurig-schöne Melodie und dazu die Liedzeile: »Ja, der eine oder andere wohl weiter wandert. / Wir ziehen wohl über das Land. / Wer weiß schon, wo ein jeder strandet, / wo er findet seinen Ruhestand.«

Bärtige, zottelige, ungewaschene Typen, zupackende Handwerker. Allesamt mit Tränen in den Augen. Und Schalk im Blick. Diese Bereitschaft zur Melancholie ist etwas, das mir bei Wandergesellen immer den Stecker zieht. Sie haben keine Scheu vor Pathos, vor den großen Gefühlen, die solch eine Reise auslöst. Die selbst gewählte Heimatlosigkeit, die Sehnsucht, das Fernweh genauso wie das Heimweh – all das verpacken sie in ihre alten Lieder und Rituale. Als der heimkehrende Bäcker am Ortsschild wieder seine alte, ausgebuddelte Schnapsflasche in den Händen hält, macht all das in meinen Augen Sinn. Das vermeintlich starre Regelwerk ihrer Walz dient auch dazu, den Übergang zwischen den Welten zu ermöglichen. Der Welt des Reisens und der Welt des Bleibens.

Die Walz war schon im Mittelalter ein Übergang im Lebensrhythmus. Eine Art Initiationsritus für werdende Handwerksmeister. So wie Odysseus das Meer überqueren musste, sollten sich die Gesellen in der Welt bewähren, bevor sie zurückkehren und sesshaft werden konnten. Dieses uralte Modell, über Jahrhunderte erprobt, scheint mir so augenfällig berechtigt, dass es mich wundert, dass die Walz heute in keinem Lehrplan steht. Sie sollte Pflichtfach sein, neben Neugierkunde und Herzgymnastik.

Der Schlossergeselle Frank Zschornack hat in einem wunderbaren Buch von seiner Wanderschaft berichtet. In *Franz im Glück* schildert er die Jahre seiner Tippelei und erklärt, was ihn in die Ferne zog: »Ich wollte in Vergessenheit geraten. Ich wollte irgendwohin, wo mich niemand kannte, wo niemand ein Bild von mir hatte.« Die Sehnsucht nach der Fremde zieht einen fort. Für mich ist es das »Sprechen der verhallenden Schritte«, von dem der französische Soziologe Michel de Certeau schreibt, das den Moment des Aufbruchs am treffendsten umschreibt. Zurück bleibt nur ein Echo. Dabei gerät keiner je in Vergessenheit. Man wird vermisst. Und nach der Reise vielleicht nicht mehr von allen verstanden. Davon erzählen auch die Tränen in den Augen der Daheimgebliebenen, die am Ortschild gewartet haben. Auch für Eltern und Freunde ist die Zeit der Wanderschaft entbehrungsreich. Nicht nur der Abenteurer, auch die Zuhausebleiber müssen bei einer solchen Reise lernen, viele kleine schmerzhafte Stiche auszuhalten. Es gibt Herzgulasch für alle.

»Reisen ist für alle da«, das hatte die Bäckergesellin Sarah vor meiner Wortwalz zu mir gesagt. Bei der Heimgehfeier in Lörrach treffe ich sie nun endlich. Sie nimmt mich fest in den Arm. Ich erzähle ihr von meinen Erlebnissen unterwegs und danke ihr für die Inspiration. Ich sage: »Ich kann noch nicht zurück nach Hause. Es geht einfach nicht; ich gehe einfach nicht.« Jede Freiheit gebiert ihre eigenen Zwänge; meine neue Neurose ist der Fluchtinstinkt. Sarah lächelt milde, sie weiß ja, wie das ist. Sie meint, ich werde schon spüren, wann der richtige Zeitpunkt zum Heimkehren gekommen sei. »Mathilda passt auf alle ihre Kinder auf«, sagt sie.

Vorher aber soll noch mein heimlicher Wunsch in Erfüllung gehen. Endlich will ich einmal mit Wandergesellen gemeinsam umherziehen. In den vergangenen Monaten bin ich als reisende Reporterin unterwegs gewesen. Zugegeben, manchmal war das einsam. Jetzt will ich verstehen, wie Gesellen wirklich unterwegs sind. Deshalb freue ich mich so, hier auch Heike wieder zu treffen, die Schreinerin, mit der ich mich verabredet habe.

Nach der wilden Heimgehfeier des Bäckergesellen wache ich morgens unter einem Kickertisch auf, mit 17 Gesellen in einem Raum. Ich stoße mir den Kopf, verliere meine Brille und breche schließlich gemeinsam mit einigen Gesellen zur Autobahn auf. Als wir in den Morgenstunden noch leicht benebelt durch Lörrach laufen, höre ich das erste Mal dieses Geräusch: Ein Dutzend Stenze klonkt auf dem Asphalt. Es klingt fast wie Hufgetrappel, wenn das Holz im Rhythmus der Schritte auf den Gehweg schlägt. Es soll mein Lieblingsgeräusch werden. Das Sprechen der verhallenden Stenze. Nun bin ich gemeinsam mit Wandergesellen unterwegs.

Wir Tippelschwestern – Unterwegs mit Schreinerin Heike

Die Schreinerin trennt von der Schreiberin nur ein Konsonant. Doch der kleine Buchstabe bedeutet Welten. Ich will mit Schreinerin Heike reisen, die mir am letzten Tag der Sommerbaustelle zeigte, wie man eine Japansäge benutzt. Wir werkelten damals an Holzbänken, hatten die verzapften Teile der Bank ineinander gesteckt und wollten nun die überstehenden Holzkanten glätten. Eine Japansäge ist ein überraschendes Ding: Sie sägt auf Zug, nicht auf Druck. Bisher kannte ich nur einen Fuchsschwanz, klar, so stellt man sich ja eine Säge vor. Doch Heike, mit der ich schon seit Stunden in der Schreinerwerkstatt »gegruschtelt« hatte, wie sie in ihrem Badener Dialekt sagte, erklärte mir mit Freude und Geduld, wie das Teil funktionierte. Und danach becherten wir uns die Köppe weg.

Heike ist die Wucht. Ihre roten Haare lugen fuchsschwanzgleich unter dem Hut hervor, die linke Schädelhälfte hat sie kahlrasiert. Früher trug sie hippiemäßig lange Dreadlocks, aber diese Zeiten sind vorerst vorüber. Heike ist jetzt eine zünftig reisende Schreinerin. Als Freireisende ist sie im Mai 2014 losmarschiert. In der Nähe von Karlsruhe über ihr Ortsschild geklettert und seitdem unterwegs. Wir mochten uns sofort. Uns war gleich klar, dass wir beide einen Hau haben. Wir konnten miteinander reden und miteinander feiern. Ich freute mich wie irre, als Heike zum Abschied auf der Sommerbaustelle zu mir sagte: »Lass uns mal miteinander reisen!«

Schnack ist Schnack, das habe ich inzwischen gelernt von den Wandergesellen. Eine Zusage hält man. Unter Reisenden ist kein Platz für Unverbindlichkeit. Höflichkeitsfloskeln kann man sich sparen. Ein Satz wie »Oh, wir sollten unbedingt mal wieder zusammen Kaffeetrinken ...« läuft ins Leere. Hier geht es um Verlässlichkeit. Wenn sich zwei Wandergesellen ohne Handy und Laptop treffen wollen, vereinbaren sie einen Ort. Zum Beispiel das Rathaus einer Stadt. Wenn 12 Uhr als Treffpunkt ausgemacht ist und man sich verpasst, dann kommt man eben um 13 Uhr wieder, dann um 14 Uhr. Wenn den ganzen Tag über zur vollen Stunde keiner aufschlägt, dann wartet man eben am nächsten Tag wieder. Und wenn man irgendwann unverrichteter Dinge weiterzieht, dann ohne Gram. Es wird schon einen Grund dafür geben, warum der andere nicht kam. Man weiß, man wird sich wiedersehen.

Daher auch die Abschiedsformel, die ich so liebe. Was sagen Wandergesellen, wenn sie gehen, anstelle von »Tschüss« oder »Auf Wiedersehen«? Sie sagen immer nur zwei Worte: Bis gleich! Das drückt das Unkalkulierbare des Unterwegsseins aus. Man weiß nie, wann man sich wiedersieht. Das »Bis gleich!« schützt vor gefühlsduseligen Abschiedszeremonien, es macht das Gehen leichtfüßig. Egal, ob man sich morgen, in drei Jahren oder vielleicht nie wiedersehen wird – »Bis gleich!« ist der rechte Ruf für Rumtreiber. Und so hatte ich mich auch von Heike verabschiedet. Mit einem »Bis gleich!«, von dem ich wusste: Die Straße wird uns schon wieder zusammenführen.

Nach der Heimgehtippelei in Lörrach will ich noch ein wenig durch die Gegend ziehen, Heike will nach Mainz. Ich reise ihr nach. Heike hat in Mainz ihren Bunker. Das heißt, sie verstaut dort bei ihrer alten Schulfreundin ein paar Sachen, Arbeitsschuhe zum Beispiel. Als ich Heike dort endlich aufgetrieben habe, bin ich überrascht: In der Wohnung ihrer Schulfreundin sehe ich sie zum ersten Mal ohne Kluft. »Tach!« rufen wir uns im Flur entgegen und fallen uns in die Arme.

Als Schreinerin trägt Heike eine prächtige braune Cordkluft. Sie weiß, dass ihr das gut steht mit ihren roten Haaren. Heike ist groß, schlank und wenn sie mit breiter Hutkrempe und Stenz durch die Gegend stolziert, allemal ein Blickfang. Sie ist lässig und unkompliziert, aber geht aufrechten Gangs. Dumm soll ihr keiner kommen. Auf der Straße hört sie oft die immergleichen Sätze: »Heeey, da ist ja das reisende Handwerk!«, »Seit wann gehen denn auch Frauen auf die Walz?« oder »Mädchen, bist du etwa Zimmermann?« All diese Sprüche kontert sie gelassen und erklärt geduldig, was Sache ist: Ja, auch Frauen gehen auf Wanderschaft. Im *Freien Begegnungsschacht*, bei *Axt&Kelle* oder als *Freireisende* ziehen nach Schätzungen von Wandergesellen jährlich etwa 50 Frauen durchs Land. In den traditionellen Schächten können sie nicht reisen. Von manchen Schachtgesellen werden sie geduldet, bei anderen sind sie gern gesehene Gäste. Gelegentlich kassieren Gesellinnen von Erzkonservativen aber noch heute eine hochgezogene Augenbraue. Dabei gelten für Wandergesellinnen doch die gleichen Regeln wie für männliche Reisende. Unter Handwerkerinnen sind auch längst nicht nur sogenannte Frauenberufe üblich. Neben Buchbinderinnen, Konditorinnen oder Bäckerinnen gibt es genauso Steinmetzinnen und Schreinerinnen auf der Straße.

Heike hat auf ihrer Walz zusammen mit Zimmermännern Holzbalken in Dachstühlen umhergewuchtet. Sie kann anpacken. Ihre Hände erzählen davon Geschichten. Rau und schwielig sind die Finger, die doch einst über Violinensaiten tanzten. Heike spielt Geige und liebt das Instrument so sehr, dass sie ein Praktikum bei einem Geigenbauer machte. Dort kamen die Liebe zur Musik und die Liebe zum Holz zusammen. Schließlich wurde sie Schreinerin.

Zusammen wollen wir von Mainz nach Neustadt an der Weinstraße trampen. Die ersten Schritte gemeinsam auf der Straße sind ungewohnt. Wir laufen nebeneinander den Gehweg entlang und ich spüre, wie mir etwas von den Schultern rutscht. Es ist die Journalistin, die mir entgleitet. Mir ist klar, wenn ich jetzt mit Heike umherziehe, dann werde ich keine Reporterin mehr sein. Ich werde nicht mehr in Lokalredaktionen anheuern, dieser Teil der Reise ist vorerst vorbei. Jetzt beginnt ein neuer Abschnitt. Mein Wunsch wird wahr: Ich bin unterwegs mit einer Wandergesellin auf der Walz. Ich bin jetzt seit 100 Tagen unterwegs. Länger als geplant. Ich mache jetzt mein eigenes Ding. Ich habe meinen eigenen Anfang gefunden für diese Reise, jetzt finde ich mein eigenes Ende.

Flupp, Flupp, Flupp. Das ist das Geräusch, das Heikes riesiger Hosenschlag bei jedem Schritt macht. Der lederne Saum schlackert um ihre Stiefel, elefantenbeingleich. Wir suchen uns an der Autobahn einen guten Platz zum Trampen. Und warten. Heike steckt sich eine Selbstgedrehte an. Ich beobachte meine Reisekameradin aus den Augenwinkeln. Sie ist stark und zart, sie ist schnodderig und schön, sie ist verstrahlt und klug. Alles zur gleichen Zeit. Ein Bild brennt sich in meinen Kopf ein: Wie sie gestern Abend in einem Mainzer Club in

Kluft auf der Tanzfläche stand, alleine tanzend. Das weiße Staudenhemd leuchtete im Schwarzlicht. Heike und ich, wir sind ein bisschen wie Pumuckl und Meister Eder. Die Rollen teilen wir uns paritätisch. Der seelenruhige Schreiner mit seinem dichtenden Kobold, die Rothaarige mit der Klabauterfrau. Schließlich reimte schon Pumuckl: »Vernunft, Vernunft hat keine Unterkunft, in der großen Koboldzunft.«

Heike trägt oft einen Bleistift hinters rechte Ohr geklemmt. Sie kann sehr genau sein. Kann präzise Maß nehmen. Mit dem Zollstock und mit Blicken. Und wenn es sein muss, kann sie auch zupacken. Mal grob, mal fein. In einer Kirche drückte sie sich neulich andächtig an eine Säule mit Lautsprechern, aus denen klassische Musik erklang. Sie schloss die Augen und lauschte Bach. Ein Moment des Innehaltens für eine Dauerrastlose. Wie abenteuerlich und zugleich anstrengend ihr Leben ist! Die Walz ist nicht immer so romantisch wie mancher meint. Die Menschen auf der Straße mustern Heike, manche glotzen sie an. Immer wieder kommen Passanten auf sie zu gerannt und wollen etwas von ihr. »Brauchen Sie Brot?«, ruft eine Frau hektisch und wir sagen nicht Nein. Heike lehnt nie etwas ab, das ihr angeboten wird. Damit es später nicht heißt, ein Wandergeselle sei undankbar gewesen.

Wir laufen also die Straße entlang. Ein Auto hält an. Weißer Lieferwagen, Werkzeug im Laderaum, ein Handwerker. Wer in Kluft an der Straße steht, wird häufiger von Kollegen mitgenommen. Überhaupt ist das Reisen mit Heike ein anderes. Wenn wir zu zweit trampen, nimmt jede eine Rolle ein. Heike ist jetzt der Star in unserem Duo. Alle wollen von ihr wissen, was es mit der Wanderschaft auf sich hat. Ich halte mich im Hintergrund, manchmal werde ich nicht mal nach meinem Namen gefragt. Ich darf beobachten und genieße es. Wenn ich alleine trampe, halten auch mal sorgenvolle Muttis an, die mit mir Mitleid haben. Jetzt sind es Kühlanlagenbauer und Klempner, die für uns stoppen. Der Ton wird ruppiger. Ein Lastwagenfahrer lässt uns in die Fahrerkabine springen, wir verkaufen uns aus Jux als lesbisches Paar und er bietet uns nach wenigen Minuten eine Massage zu dritt an. An der nächsten Raststätte sind wir wieder draußen. Es ist die einzige leicht brenzlige Situation, die ich beim Trampen erleben soll. Wir haben gut und schnell reagiert, jetzt müssen wir lachen. Sich in Verrücktheit zu kleiden, das ist es, was wir machen.

Unterwegs kaspern wir rum. Pinkeln nebeneinander in Büsche. Dann besorgen wir uns zwei Laternen. Es ist St.-Martinstag und wir wollen albern sein. Ich hänge eine Bierflasche an meine Laterne, Heike bastelt einen Lampion aus Pizzakarton. Als wir nebeneinander hergehen, singen wir »Heute hier, morgen dort«. Den Klassiker von Hannes Wader, ein Evergreen unter Wandergesellen. Später bringt Heike mir noch ein weiteres Stück bei aus ihrem Liederbuch, einem rot eingebunden Schatz. Darin stehen Melodien und Texte, die direkt ins Herz gehen. Manche der Lieder klingen uralt, wie aus der Zeit gefallen und doch wunderschön. Als wir nebeneinander über ein ödes braunes Stoppelfeld laufen, singen wir gemeinsam den irischen Reisesegen (hier in abgekürzter Form):

Möge die Straße uns zusammenführen
und der Wind in deinem Rücken sein.
Sanft falle Regen auf deine Felder
und warm auf dein Gesicht der Sonnenschein.

Und bis wir uns wiedersehen
Wünsche ich dir Liebe, Frieden, Glück.
Denk' an die Zeit, die wir gemeinsam hatten,
manchmal – und so hoff ich gern – zurück.

Führe der Weg, den du jetzt weiter gehen wirst,
immer tiefer dich zu deinem Kern,
Wenn du bei dir bist in deiner Liebe,
dann haben dich auch viele andere gern.

Mit diesen Zeilen auf den Lippen versuchen wir uns an einem besonders kalten Tag ein wenig Wärme in die Knochen zu singen. Gerade sind Heike und ich wild durch die Gegend getrampt. Der letzte Lift hatte uns unmittelbar am Fahrbahnrand rausgelassen. Blöde Stelle zum Weitertrampen. So müssen wir nun zum nächsten Autobahnzubringer laufen. Heike und ich streifen durchs Gras. Es ist November, die Kälte kriecht unter die Kleider, der Boden ist morastig. Meine Wanderschuhe werden feucht, wir stapfen über eine Müllhalde am Straßenrand. Jede schaut stumm zu Boden. Wir wissen nicht, was der Tag heute noch für uns bereithalten wird. So erreichen wir den magischen Kreisel.

Plötzlich hält Heike an, hebt etwas vom Boden auf und sagt. »Hey, guck mal, ich hab einen Fuffi gefunden.«

Ein matschiger 50-Euro-Schein liegt in ihrer Hand. Sie

strahlt mich an. »Jau!«, rufen wir und schlagen einander in die Handflächen ein. Mathilda meint es heute gut mit uns. Wir johlen. Was wir damit jetzt für einen Schabernack anstellen werden? Herrlich. Ich gehe drei Schritte weiter. Da sehe ich plötzlich etwas Rotbräunliches vor meinem Schuh liegen. Ich bücke mich. Hebe es auf. Drehe mich zu Heike um. »Guck mal, Heike, ich glaub's nicht, ich hab auch einen Fuffi gefunden!« Wir starren uns entgeistert an und prusten los. Innerhalb von drei Sekunden sind uns 100 Euro am Straßenrand zugeflattert. Jetzt gibt es kein Halten mehr. Oh, Mathilda!

Es sind Reiseerlebnisse wie diese, die für immer verbinden. Das kann uns keiner nehmen. Tagelang wird uns die Geschichte mit den zwei 50-Euro-Scheinen jetzt begleiten. Wir erzählen sie beim Trampen weiter, wir schmieden Pläne. Auf eine Serviette notieren wir schließlich, wie wir die Kohle auf den Kopf hauen wollen. Denn 100 Euro am Straßenrand zu finden, ist mehr als ein Zufall. Es ist ein Auftrag. Es ist, als würde die Straße rufen: »Macht was draus!« Mit 100 Euro könnte man wegfliegen, man könnte einen kleinen Baum im Gartencenter kaufen, man könnte ein Unternehmen gründen. Man könnte 99 Luftballons kaufen, sehr oft Lotto spielen oder 100 Einkaufswagen im Wald verstecken. So ein Quatsch. Wir beschließen: Wir legen zusammen und dritteln das Geld. 33,33 Euro werden wir dem ersten Menschen geben, der uns über den Weg läuft und unsere Hilfe braucht. 33,33 Euro werden wir versaufen. Und die letzten 33,33 Euro wollen wir in etwas stecken, das wächst. Wer weiß, wann wir es finden werden.

Getragen von einer Bugwelle der Begeisterung, erreichen wir Neustadt an der Weinstraße. Dort steht eine schachtübergreifende Bude. Ein kleines, selbst ausgebautes Haus, in dem Wandergesellen sich für ein paar Tage ausruhen können. Mit einem Ofen und einer Fernsehecke im Erdgeschoss und einem einfachen Bettenlager im Dachgeschoss. Wir kommen in die Bude gestapft und es gibt ein großes Hallo. Die Reisenden kennen sich untereinander. Heike fragt an, ob auch ich hier bleiben dürfe. Niemand hat was dagegen, ich jauchze. Dass ich »auf Bude Platte machen« darf, wie es heißt, betrachte ich als ein großes Geschenk. Heike hat mir diesen Weg geebnet. Wir erzählen von unserem sensationellen Fund am Straßenrand. Und finden sogleich den ersten Abnehmer für unser zu verschenkendes Drittel: Ein freireisender Bäcker liegt auf dem Sofa und hat Zahnschmerzen. Er musste sich die Weisheitszähne ziehen lassen. Alle vier auf einmal, und das auf Wanderschaft! Der tapfere Geselle leidet wie ein Hund und wir beschließen, ihm für die nächsten Tage sein Übernachtungsgeld zu sponsern. Jeder zahlt hier einen kleinen Beitrag in die Gemeinschaftskasse, mit dem das Haus in Schuss gehalten wird. Der zahnwehe Bäcker quittiert unsere Spendenbereitschaft mit einem blutigen Grinsen.

Die nächsten Tage hängen wir in der Bude rum. Wir stromern durch die Gegend, trinken neuen Wein aus Duppegläsern. Wir bringen Pfandflaschen weg und lassen unsere Reisezeit Revue passieren. Ich kaufe Döner für die Truppe, hole Babybrei für den Zahnkranken. Ich darf einfach dabei sein und das ist schon etwas Besonderes. Heike und ich basteln Postkarten aus Pizzakartons. Wir schicken sie in unsere Heimatorte, darauf steht: »Diese Karte soll beweisen, ich befinde mich auf Reisen. Es geht mir gut. Ich reise gerne und grüße herzlich aus der Ferne.« Bei einem Spaziergang durch das idyllische Neustadt an der Weinstraße essen wir Kastanienkuchen, Heike besorgt sich neue Unterwäsche. Auf Bude bringt man das Reisegepäck in Ordnung, sortiert sich. An solchen Orten betreibt man Fellpflege.

Irgendwie werde ich hier ganz ruhig. Ich merke: Auch das ist Wanderschaft. Tippelei ist manchmal mühsam und auch fad, das Gesellenleben ist zuweilen unprätentiös. Wäschewaschen, Stricken, Playstation zocken. Gehört auch alles dazu. Tut gut, das mal zu entzaubern. Wer drei Jahre lang auf der Straße ist, braucht auch mal einen Rückzugsort. Dafür gibt es diese Buden. Ich lerne, die Walz nicht mehr zu romantisieren. Ich fühle mich jetzt seltsam stark, wie eine Überlebende, bin glücklich und gelöst. Gewappnet für schlechtere Tage. Vor dem Fenster der verpasste Herbst, an die Tür klopft der trübe November. Ein Gedanke streift mich: »Vielleicht kommt die große Einsamkeit erst beim Nachhausegehen?«

Heike macht mir ein Geschenk. Sie hat mir eine Landkarte gebastelt, wie ich sie mir immer gewünscht habe. Deutschlands Autobahnen, sorgfältig einlaminiert, sodass die Karte wasserfest ist. Um München herum hat sie einen Bannkreis eingezeichnet, darin die Worte: »Fixe Reise rundrum.« Das Besondere an meinem Bannkreis? Er hat Löcher. Die Linie ist perforiert, sie erlaubt Zureisen in die No-go-Area. Auf Bundesstraßen kann ich nun nach München reisen. Nur nicht auf Autobahnen. Diesen kleinen Kniff hat Heike sich erlaubt, um mir das weitere Leben ein bisschen schwerer zu machen. Aber nach allem, was ich bisher gelernt habe, kann ich sagen: Jede Reiseregel hat ihren Grund.

Mit ihrem Geschenk zeigt Heike mir, dass sie verstanden hat, dass ich im Grunde heimatlos bin. Ich kann überall daheim sein. Diese Verwurzelung an einem Ort – wie ich sie in vielen Lokalredaktionen, Dorfschenken und bei Vereinsfesten erlebt habe – das habe ich einfach nicht. Es fühlt sich an, als hätte ich einen Gendefekt: Mir fehlt das Zuhause-Chromosom. Und Heike hat geschnallt, dass ich versuche, meinen eigenen Weg zu gehen. Dass ich die Walz nicht imitieren will, sondern nach Pfaden in die Freiheit suche, die zu meinem Leben passen. Ich bin keine Handwerkerin, nein. Ich bin keine Gesellin und ich werde auch – anders als ich zwischendurch ernsthaft überlegte – keine Schreinerlehre machen, nur um mit knapp 30 Jahren noch auf Tippelei zu gehen. Nein, für mich wird's einen anderen Weg geben. Da vertraue ich ganz auf Mathilda. Und deshalb hat Heike mir wohl auch diese Deutschlandkarte gebastelt, mit einem perforierten Bannkreis. Leicht soll es nicht sein nach München zu reisen – aber möglich. Ein Geschenk, das von Herzen kommt.

Die Möglichkeit nach München zu reisen, hat sich in meinem Kopf eingenistet. Doch noch will ich nicht zurück. Ich will weiter unterwegs sein. Wir reisen nach Köln zu einem Gesellentreffen. Die *Freien Vogtländer Deutschlands* haben hier eine Bude. Heike besucht einen Reisekameraden, dessen Jungscher gerade erwandert worden ist. So wie ich jetzt spreche, merke ich: Ich bin drin. Ich komme zurecht unter Wandergesellen. Aber auch hier sammele ich die »Achs« und »Ahas«. Jetzt bin ich bald seit vier Monaten unterwegs auf der Straße und noch immer treffe ich Reisende, die sagen: »Ach, DU bist diese Journalistin!?« Sie erzählen mir, wie unmöglich sie meine Idee der Wortwalz fanden. Egal wie viel Zeit vergeht, es wird immer einen geben, der ruft: »Eine Journalistin auf Tippelei, das gibt's einfach nicht!« So auch in Köln. Als wir auf die Gesellschaft treffen, wurde schon gut getrunken. Der Neuling muss gerade einen Bierstiefel leeren, er läuft grün an. Wie so oft geht es darum, sich zu beweisen. Ich merke: Auch das ist eine Facette der Wanderschaft. Wir verlassen Köln.

Es sind wilde Wochen, die ich mit Heike verbringe. Ich merke langsam, was sich wohl nach drei Jahren solchen Reisens bei mir einstellen würde: Ermattung von der Alltäglichkeit des Lebens. Wir erleben ein Abenteuer nach dem anderen. Normalo-Menschen reden währenddessen über Semesterferien, Hauskredite und Beziehungsprobleme. Bei denen geht es um Heuschnupfen, Lehrerhass, Rentenunsicherheit. Banalitäten allesamt. Nicht zu vergleichen mit unserem wilden Ritt durch die Republik, denke ich überheblich. Nicht gut, ich merke: Ich stumpfe ab. Anstatt die Hand wieder und wieder auszustrecken, winke ich ab. Werde ich tatsächlich reisemüde? Es ist gefährlich, nur im Neuen leben zu wollen. Wer nie mehrjährige Balkonblumen pflanzt, wird irgendwann ein Schnittblumenleben führen. Eine Mahnung dämmert in mir: »Es könnte Zeit sein zu gehen.«

Unter Wandergesellen gibt es eine Art Reisekrankheit. Ich habe das bei einigen Einheimischen beobachtet. Die waren einfach zu lange unterwegs. Die kommen nie wieder zu Hause an. Sie sind Einheimische auf heißen Kohlen. Sie probieren es mit der Sesshaftigkeit, aber es klappt nicht. Das Alltagsleben in dieser Republik langweilt sie. In ihren spärlich eingerichteten Wohnungen hängen auch Jahre später noch die *Charlottenburger* an den Wänden, die bunt bedruckten Tücher, mit denen sie einst ihr Reisegepäck schnürten. In den Bücherregalen stapeln sich die Fotoalben, Erinnerungen an die Tippelei. Unvergessliche Momente, an die scheinbar nichts mehr heranreichen kann. Diese Erinnerungen wenigstens kann ihnen niemand nehmen. Es kann aber auch gefährlich sein, zu gierig nach dem Reisen zu werden. Man vergisst das restliche Leben. Man verlernt, Lästiges auszuhalten, die Mühen der Ebene durchzustehen, die Steuererklärung rechtzeitig abzugeben. In diesem Sinne macht die Walz auch ein kleines bisschen lebensunfähiger, weil man sich unterwegs nie um den ganzen Kram kümmern muss. Es gibt keine Dinge zu verwalten, keine Stromanbieter zu wechseln, keine Mobilfunkabrechnungen. Es gilt zu überleben. Doch wenn man nach drei Jahren Abenteuer zurückkehrt, lauert an der Türklinke meist schon ein alter Bekannter: die Ernüchterung.

Deshalb heißt es unter Wandergesellen: Heimkommen ist schwerer als losgehen. Diesen Satz habe ich im Ohr, als ich nach einer durchzechten Nacht neben Heike aufwache. Ich habe Schluckauf. Ich will mir keine Reisekrankheit einfangen. Ich muss in München ein paar Dinge klären. Inkasso und so. Vielleicht will ich die Zelte dort auch ganz abbrechen. Mit geschlossenen Augen sage ich zu Heike: »Lass uns nach München reisen.«

Wo ist mein Ortsschild – Heimkehren ist schwerer als losgehen

Die Dinge rund machen. Das liebe ich. Ich kann es kaum glauben: Ich liege wieder in der Dachkemenate des Ingolstädter Bloggers. Bald vier Monate danach bin ich wieder bei einem meiner ersten Stopps auf der Reise angekommen. Zwischen Biedermeiermöbeln, Kronleuchtern und rotem Samtvorhang blicke ich wieder auf die Stadt, in der ich einst lebte. Alles macht auf einmal Sinn.

Das Fellini-Buch auf dem Nachtisch ist noch auf der gleichen Seite aufgeschlagen, wie ich es vor vier Monaten hier liegen gelassen habe. Vieles andere hat sich geändert. Jetzt habe ich ein Adressbuch voller Namen und Orte, die gut zu mir waren. Viele Menschen haben mich verabschiedet mit einem »Kehr wieder, du bist hier stets willkommen!«

In den letzten Tagen war ich mit Heike Richtung Süden getrampt. Goldstaub begleitete uns, das Quentchen Reiseglück der Losgehenden und Heimkommenden. Die Straße gab sich noch mal richtig Mühe, uns ein prächtiges Panoptikum zu bieten: Gabi, eine 60-jährige Erotikschriftstellerin, hatte uns ein Stückchen mitgenommen. Dann ein Zirkusdirektor, der stundenlang mit uns »Wer bin ich?« spielte, bevor er seinen Beruf verriet. Ein Vertriebler aus Kroatien redete vom Krieg, während Heike auf der Rückbank schnarchte. Manchmal fühlte es sich an, als wären wir Cowboys, unterwegs in der Prärie. Wir sind ein eingespieltes Team geworden. Ich schaue Heike gern beim Rauchen zu. Manchmal sagt sie paffend zu mir: »Du musst noch viel ruhiger werden.«

Mit einem Stück Nussbaumholz unter dem Arm trampen wir durch garstige Kälte. Doch allerorten schlägt uns Wärme entgegen. Von Ingolstadt aus könnte man in nur einer Stunde in München sein. Jedoch nicht, wenn man auf solchen Pfaden wandelt wie wir. Auf einer Heimgeherei wählt man nie den kürzesten und einfachsten Weg. Zickzacklinien führen eher ans Ziel. Jetzt bewährt sich Heikes Geschenk an mich. Die Landkarte mit dem löchrigen Bannkreis zwingt uns dazu, aus einem Auto auszusteigen, das uns direkt bis München gebracht hätte. Der Fahrer wäre auf der Autobahn A9 geblieben und stur geradeaus in mein altes Leben zurückgefahren. Doch ich darf ja nur über die Bundesstraße einreisen. So hat Heike es bestimmt. Und damit den Rahmen gesteckt für die letzten verrückten Tage dieser Reise.

Im Nieselregen stapfen wir aus Ingolstadt heraus. Vorbei an Gewerbegebieten und Supermärkten. Ich werde schwermütig. Heike macht das einzig Richtige, das in diesem Moment zu tun ist: Sie fängt an zu singen. Wir gehen gemeinsam schallernd in den Nebel. Die Stoppelfelder sind dunkelbraun vor Matsch und Nässe. Die Kälte kriecht den Hosensaum hinauf. Nach Kilometern machen wir Rast an einem verlassenen Bushaltestellenhäuschen. Mit unseren Opinel-Messern schneiden wir große Stücke vom Scarmozakäse ab, den uns der noble Gastgeber in Ingolstadt in die Bündel gesteckt hat.

Reichertshausen, Reichertshofen, ich weiß nicht mehr, wo wir sind. Die Orte verschwimmen. Es wird dunkel. Wir eiern über die Landstraße. Finden die einzige Kneipe im Dorf. Ein

Spielautomat, fünf Trinker. Die Spätschicht im Werk ist gerade vorbei. Zulieferbetriebe für die Automobilbranche sind die Arbeitgeber der Region. Und Zulieferbetriebe sind auch die Kneipen hier. Sie liefern den nötigen Schmierstoff für das Hinübergleiten in den Feierabend. Das stumme Heben der Gläser. Das stumme Heben der Augenbrauen, wenn zwei reisende Frauen zur Tür hereinkommen. Immer wieder ein Festspiel:

Tür auf, Tür zu. Hinsetzen.

Trinker 1: »Wanderschaft?«

Heike: »Jo.«

Trinker 2: »Und die da?« (zeigt auf mich)

Ich: »Auch unterwegs.«

Alle: »Hm.«

Wo wir schlafen werden, fragt Trinker 3 irgendwann. Einer ist immer der Grübler in der Runde. Es ist immer der mit den traurigen Augen. Trinker 3 verschwindet. Kommt eine halbe Stunde später wieder. Legt eine Hotelquittung vor uns auf den Tisch. »Hab euch ein Bett gebucht. Im Posthof. Das beste Haus am Ort.« Wir nicken dankbar.

Die Leute fragen immer: »Und wo schläfst du jetzt heute?« Heike sagt dann oft: »Mal schauen. So ist das. Man lebt eine 800 Jahre alte Tradition. Und irgendwann ist es nicht mehr so aufregend, nachts einen Schlafplatz zu finden.« Die Gesichtsmuskeln ihrer Gesprächspartner zucken dann, die Kiefer malmen, wenn Heike ruhig sagt: »Wenn man Angst hat, sollte man nicht auf die Walz gehen. Angst ist kein guter Ratgeber.«

Tage später, immer noch bayrische Provinz. Pfaffenhofen, hier will ich noch mal Halt machen beim *Donaukurier*. Mit

Heike im Schlepptau schneie ich zur Tür herein. Großes Hallo. Es fällt den Redakteuren, die ich hier Anfang August traf, schwer zu glauben, dass ich jetzt, im Winter, immer noch unterwegs bin. »Ja, und was hast du inzwischen gelernt, Jessica?«, fragt mich ein Lokalreporter. Ich lache nur. Ich kann es nicht in Worte fassen.

Es tut mir gut, einige Stationen des Trips noch mal in umgekehrter Reihenfolge zu besuchen. Die Orte scheinen mir bekannt, nur ich selbst bin eine andere geworden. Ich bummele, trödele, staune über Kleinigkeiten. Jetzt betreiben wir Heimgehverlumperung. Und stranden schließlich bei Krokodilen. So nennen sich die Garchinger Harleyfahrer, ihr Club der »Crocodiles« liegt wenige Kilometer vor dem Münchner Ortsschild an der Ingolstädterstraße 100. Ganz in der Nähe des Ortes, wo ich auf dem Hinweg einen Fuchs gesehen hatte. Industriebrache, Kasernengelände, gemütlich ist es hier nicht. Doch eine Aufschrift auf einem Schuppen klingt verheißungsvoll: »Indoor Biergarten«. Heike jault auf vor Freude. Wir entern den Laden am frühen Nachmittag. Es ist ein verdunkelter Rockerclub, kalter Rauch steht in der Luft, Dutzende leergetrunkene Jack-Daniel's-Flaschen dienen als Kerzenständer. Überall stehen Krokodilfiguren herum. Einer ruft »Moin«, dann dauert es ein, zwei Stunden, bis der komplette Motorradclub versammelt ist. Was soll man sagen? Zwei reisende Frauen, eine Horde Biker. Heike in Kluft, die Harleyfahrer in Kluft. Jetzt wird gefeiert. Es wird groß. Heike lässt einen gläsernen Bierstiefel auftreiben. Sie ruft: »Von Nord nach Süd, von Ost nach West, rund ist die Welt, drum Brüder lasst uns reisen!« Sie schlägt mit der flachen Hand auf die Schaumkrone, die Gischt spritzt uns in die Gesichter. Sie ruft: »Zosch!«, und der Stiefel, der vor jedem Schluck mit dem Zeigefinger abgeschnipst werden muss, beginnt zu kreisen. Und irgendwann fängt alles an zu kreisen.

Am Ende werden wir uns zu Grunde getrunken haben. Am Ende werden wir nachts sogar Schneepflug auf dem alten Bundeswehrgelände gefahren sein. Am Ende werden die 13 Rocker von den Crocodiles zu uns beiden sagen: »Ihr wart das Highlight des Novembers.« Am Ende werden wir am Ende gewesen sein.

Ich schwöre mir, bis Alkohol keinen Weihnachten zu trinken. Andersherum. Es ist Zeit für eine Schnaps- und Verschnaufpause. Die letzten Wochen mit Heike waren verrückt. Sie hat mir geholfen, wieder zurückzufinden. Sie hat mir diese kleine Heimgehparty bereitet. Die geplanten drei Monate und ein Tag auf der Wortwalz sind schon lange rum, aber die Reise geht immer weiter. Und das bereue ich nicht, denn es gab noch einiges zu lernen, sogar am letzten Tag der Tour.

Zu zweit stehen wir im Morgengrauen vor München und die Geschichte nimmt einen irrsinnigen Ausgang. Als es endlich soweit ist, dass ich wieder über mein Ortsschild klettern will – da ist es plötzlich weg. Offenbar hat die Stadt München beschlossen, im Norden an der B13 die Fahrbahn aufzureißen. Dabei haben sie mein Ortsschild entwurzelt, mitsamt der halben Flasche Schnaps, die ich dort verbuddelt hatte. Alles weg. Alles wegen einer Fahrbahnverbreiterung. Mathilda, die Straße, ist selbst der Grund, weshalb es mir nie gelingen wird, wieder einheimisch zu werden.

Die Zone, in der die Stadt zum Land wird, ist immer ein Nicht-Ort. Da, wo diese gelben Schilder stehen, wo die Stadtrandlichter glimmen, da ist Niemandsland. Hier geschieht Absurdes. Wir fragen einen Bauarbeiter, ob er das verloren gegangene Münchner Ortsschild gesehen hat. Er guckt uns an, als kämen wir vom Mond. Heike macht sich die Mühe, die Tradition der Walz zu erklären. Und dass man die Wanderschaft beendet, indem man wieder über sein Ortsschild klettert. »Wir brauchen dieses Schild!« »Aha«, sagt er, und zeigt auf einen Parkplatz, »schaut mal dahinten.« Wir finden das abmontierte Ortsschild, es liegt am Boden. Ich nehme es in den Arm, hüpfe darüber. Wir begießen es mit Hellem und hinterlassen darauf die Notiz: HGP Jessica. Das ist meine Heimgehparty.

Das Schild ist entwurzelt, ich bin es auch. 5000 Kilometer bin ich diesen Sommer getrampt, ich habe nachgerechnet. Ein knappes Dutzend Mal habe ich draußen geschlafen. Insgesamt habe ich an gut 50 unterschiedlichen Orten übernachtet. Meine Bleibequote beträgt durchschnittlich zweieinhalb Tage. Ich bin eine Schreibnomadin geworden. Damit ist es offiziell: Ich werde nie ganz zu Hause ankommen. Unter Wandergesellen gibt es eine Formulierung für Menschen, die mal auf der Walz waren, aber einfach nicht sesshaft werden wollen, immer wieder losreisen. Die sind dann keine Einheimischen, sondern Scheinheimische. So eine will ich nun sein.

WELL... I GUESS
SOME JOURNEYS
BEGIN WHEN YOU ARRIVE

EPILOG

Am Ende dieser Reise steht ein schwarzer Plastikordner mit zerknitterten Zeitungsartikeln. Darin habe ich meine Texte aus der Provinzpresse von Pfaffenhofen bis Weimar gesammelt. Den Rest habe ich verbrannt. Alle meine Pläne, die ich zuvor gemacht hatte, meine Mindmaps, mit denen ich die Wortwalz am Reißbrett entworfen hatte, sind jetzt Asche. Ich habe sie am Tag meiner Rückkehr auf den Terrakottafliesen in meinem alten Journalistenbüro angezündet. Schwarze Krumen und ein beißender Geruch in der rauchigen Luft – das ist alles, was davon übrigblieb.

Und wie ging es nach der Wortwalz weiter? Ich versuchte übergangsweise, sesshaft zu werden. Und scheiterte grandios. Ich fasste den Beschluss, meinen Besitz und Wohnsitz aufzulösen. Ich wollte dauerhaft weniger haben. Wenig später habe ich mein WG-Zimmer gekündigt, den Büroplatz verlassen. Mein Leben ist eine Durchgangsstation geworden. An einer Münchner Brücke lese ich einen Spruch: »Some journeys begin when you arrive« und ich ahne, dass diese Reise noch nicht vorüber ist.

Journalismus ist ein Handwerk, hatte ich behauptet. Auf meiner Reise ist mir klar geworden, dass das nur manchmal stimmt. Den Lokaljournalismus unterscheidet Wesentliches von klassischen Gewerken: Der Umgang mit dem Material, die Präzision und das Arbeitsrisiko. In manchem sind wir Schreibenden da schludriger als die Handwerker, die ich traf. Journalismus ist schon etwas Eigenes, er erfordert das Einordnen, Straffen, Verhackstücken der Wirklichkeit. Viel zu selten werde ich als Reporterin der Welt gerecht.

Gleichwohl bleibt der Lokaljournalismus meine Leibspeise. Diese Reise war eine Rückkehr zu meinen beruflichen Wurzeln, ein Ausflug aufs Land. Und dabei doch alles andere als eine Sommerfrische. Lokaljournalismus kann vor Ort etwas bewegen. Es hat unheimlich Spaß gemacht in den Redaktionen mitzuarbeiten und ich habe größten Respekt vor den Kollegen. Wahrscheinlich habe ich in diesem Sommer so viel geschrieben wie noch nie zuvor. Die Provinz ist was für zähe Hunde, ich finde, man dürfte den »Underdog« ruhig öfter loben. Am besten hat es mir in jenen Redaktionen gefallen, in denen Platz zum Spinnen war. Wo Redakteure ausprobieren durften, wo sie mit sich und ihrer Haltung gerungen und sich der Leserschaft ausgesetzt haben. Am meisten haben mich jene Kollegen beeindruckt, die das klassische Journalistenmantra »Du darfst dich mit einer Sache nicht gemein machen, auch nicht mit einer guten!« längt über Bord geworfen hatten. Sie hatten sich eingemischt, das stand ihnen gut. Und eines ist sicher: Dieser Beruf ist nach wie vor das beste Alibi für Neugier.

Bald hat es mich dann wieder gepackt. Ich bin einfach weitergereist. Im Sommer 2015 bin ich erneut zur Sommerbaustelle der Freireisenden getrampt. Dieses Mal mit persönlicher Einladung und ohne vorher Geld im Netz zu sammeln. Dort wurde ich mit Handschlag und Lachen begrüßt. Dieses Mal nicht mit »Ach, du bist die Journalistin!«, sondern mit »Ach,

Jessica, du bist auch noch unterwegs!« Einige Reisende sind meine Freunde geworden. Als mich ein Interessent, der bald auf Wanderschaft gehen wollte, am Lagerfeuer fragte, was ich denn so mache, sagte ich: »Ich bin eine reisende Reporterin.« Eine Wandergeselle hörte das und sagte grinsend: »Nee, die ist unser Groupie!«

Auf der zweiten Sommerbaustelle meines Lebens habe ich auch wieder mit Heike zusammengearbeitet. Auf einem Acker haben wir einen Haselnussstrauch ausgegraben und ihn neu eingepflanzt. Das war eine schöne Lektion zum Thema Wurzeln schlagen. Heike und ich, wir haben beide noch immer unseren Fuffi in der Tasche, den wir damals am Straßenrand gefunden haben. Wir sind uns beide noch oft über den Weg gelaufen, wir blieben in Verbindung. Heike hat sogar die Möbel für eine Ritterburg gebaut, auf der ich später einige Zeit lebte. Aber das ist eine andere Geschichte.

Ich bin den Wandergesellen treu geblieben, oder eher: sie mir. Im März besuchte ich die Losgehparty einer Goldschmiedin. Sah, wie sie umgekluftet wurde und ihr bürgerliches Leben zurückließ. Und ich war bei Sarahs Heimgehtippelei dabei. Die Bäckerin, die mit ihren Worten eine Initialzündung, eine Umwälzung bei mir ausgelöst hatte, ging nach Hause. Ich sah die Erleichterung und das Erlittene in den Augen ihrer Verwandtschaft. Als Sarah dann in einem Schützenheim in der Lüneburger Heide in Unterhosen auf dem Tisch stand, sang ich mit den Reisenden das Einheimischlied. Es gab Tränen. Ein Geselle kippte mitsamt einer Kunstpalme von der Bühne, ein anderer fing ihn auf. Es war schön. Später hat Sarah mir erzählt, dass sie in den Tagen nach ihrer Heimgehparty jeden Morgen unwillkürlich ihre Kluft anzog. Sie konnte weder das

Ritual noch die Kleidung ablegen. Bald aber kaufte sie sich ihr erstes Auto und begann an einer Berufsschule zu unterrichten. Sie ist eine glückliche Einheimische geworden, eine Bäckerin mit Meisterbrief. Sie hat jetzt auch wieder eine Handynummer.

Was ist noch passiert seitdem? Die Obdachlosen, mit denen ich in Hamburg unter der Brücke übernachtete, haben eine Wohnung gefunden; Dennis und Assel stritten sich dann oft über den Putzplan in der Wohngemeinschaft. Indessen hat sich Milan, der in Freiburg weiter im Lastwagen wohnt, die Hälfte seiner Dreadlocks abrasiert und mich noch oft besucht, ich bekam jedes Mal Hippieherzklopfen. In der Zwischenzeit plant der Weimarer Elfenforscher ein Crowdfunding für eine Reise nach Irland. Meine neu gewonnenen Bikerfreunde von den Crocodiles in Garching haben mir im Sommer darauf geholfen, mein Motorrad zu reparieren. Und die Feuerwehr Oberweier, die mich beim Trampen in ihrem neuen Löschfahrzeug in den Schwarzwald mitgenommen hatte, ließ ausrichten, dass das legendäre LF10 offiziell übergeben worden sei, mit einer schönen Feier. Der Hauptlöschmeister schrieb mir: »Zwei Einsätze hatten wir auch schon damit. Der erste gleich in der Nacht nach der Übergabe, um 4.03 BMA (Sorry, Brandmeldeanlage). Fehlalarm.«

Getrampt bin ich seit der Wortwalz ständig. Es gab keinen Grund, damit aufzuhören. Ich fahre jetzt nur noch Zug, wenn mir ein Arbeitgeber die Fahrt bezahlt. Dann muss ich mir am Fahrkartenautomaten eine »Reiseverbindung« suchen, es ist das schönste Wort, das die Deutsche Bahn in petto hat. Ich spüre diese Reiseverbindung, wenn ich aus dem Fenster schaue und die Landschaft vorbeifliegen sehe. Aber noch mehr direkte Reiseverbindung ist da, wenn ich wieder den Daumen an der Landstraße raushalte. Zuletzt trampte ich mit einem Ferrarifahrer mit 300 Stundenkilometern über die Autobahn, danach nahm ich im Wagen eines ehemals alkoholkranken Seelsorgers Platz. Ein anderes Mal fuhr ich mit einer Frau mit, die auf dem Weg zu ihrer Segelyacht war. Sie fragte: »Hat man auf der Walz auch mal Urlaub?« Was für eine lustige Frage. Wer braucht Urlaub von der Walz? Wenn das Leben eine Reise ist, wie kann man sich davon erholen wollen?

Seit der Wortwalz fallen mir in jeder Stadt die Hinweisschilder Richtung Autobahn auf, der Kontrast von Azurblau und Weiß springt mir in den Blick. Und ich halte immer Ausschau, wo man gut draußen übernachten könnte. Ich habe ja gelernt, auf Rindenmulch liegt man besonders gut. Wenn ich zurückblicke, wo ich überall geschlafen habe, muss ich lächeln. Ich war in Rimini und in Panama. Ich schlief im Baumhaus, unter der Brücke und auf Spielplätzen. Im Stall, im Kloster und unter einem Kickertisch. Ich habe es mir gemütlich gemacht in der Welt.

Wohin meine Reise nun geht, weiß ich nicht. Macht auch nichts. Karl Lagerfeld hat mal gesagt: »Das Gefühl von zu Hause habe ich nicht. Ich bin zu Hause, wo ich auch hingehe. Ich bringe mich ja überall selbst mit hin.« Und so nehme ich mich weiter selber mit. Ich fühle mich ohne Wurzeln. Bin keine richtige Journalistin mehr und erst recht keine Handwerkerin, das ist mir wohl klargeworden. Bin kein Ossi und kein Wessi, keine Münchnerin und keine Burgdorferin. Ich bin ohne alles. Das ist in Ordnung so. Meine Tippelei ist beendet – vorerst. Jetzt übe ich den irischen Reisesegen auf dem Akkordeon: »Möge die Straße …«. Es wird Zeit für was Neues. Wie wäre es mit: Weltwalz? Es gibt da doch diese Redewendung: »Wer schreibt, der bleibt.« Das gilt nicht für mich. Bei mir ist es andersherum. Ich bin dann mal wieder unterwegs. Bis gleich.

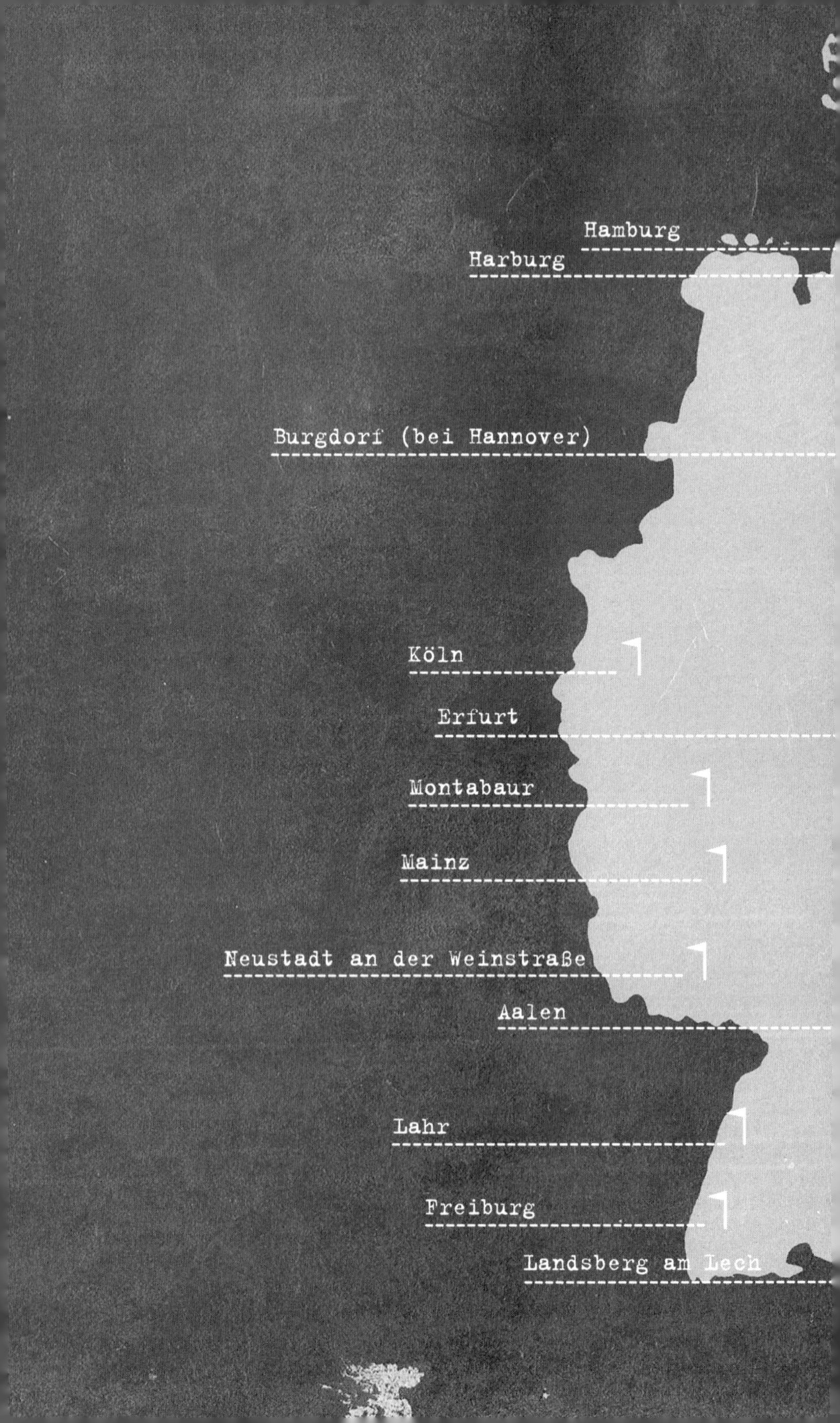
Hamburg
Harburg
Burgdorf (bei Hannover)
Köln
Erfurt
Montabaur
Mainz
Neustadt an der Weinstraße
Aalen
Lahr
Freiburg
Landsberg am Lech

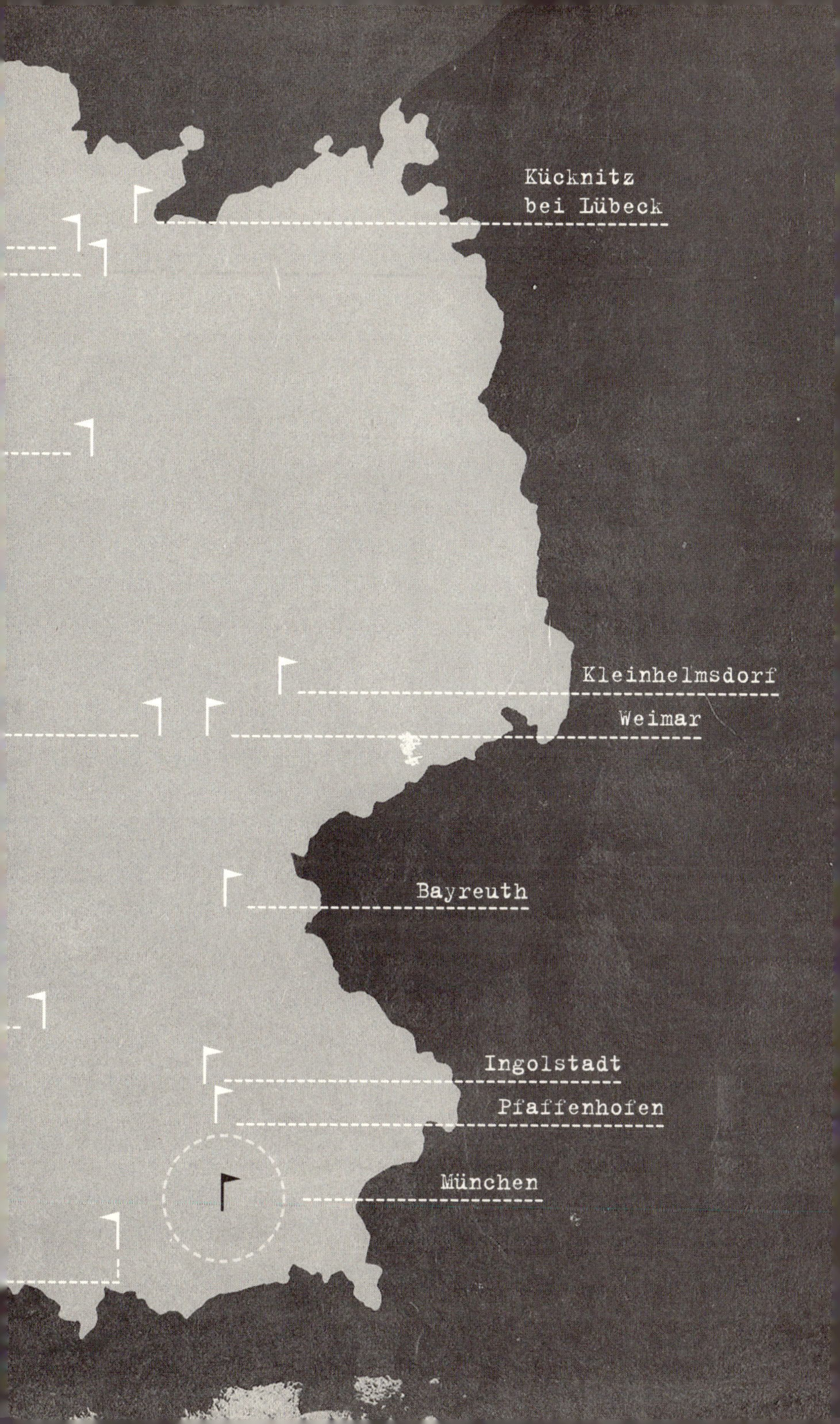
Kücknitz
bei Lübeck
Kleinhelmsdorf
Weimar
Bayreuth
Ingolstadt
Pfaffenhofen
München

Danke an alle Gast- und Arbeitgeber, Kollegen und Mitnehmer, Lokalredaktionen und Lifts - ohne euch wär's nicht gegangen. Und Danke an alle namentlichen Unterstützer des Crowdfundings:

Sandra Walzer, Lars Reckermann, Göran Nitsche, Dr. Marcus Nicolini, Dietwart Sternberg, Karl Pentzlin, Kai Stockrahm, Andre Gottwald, Peter Bentzien, Harald Klipp, Veronique Brüggemann, Cristina Grovu, Robert Hirse, Thomas Wahlich, Benjamin Schimmel, Thilo Reffert, Katharina Reidel, Gerrit Lammert, Felix Zeltner, Sabine Oertel, Gerald Anleitner, Marcel Sroka, Benedikt Swoboda, Anne Jaspers, Daniel Drepper, Helmut Burlager, Andreas Funke, Claudia Mertes, Thomas Ungricht, Ralf Heimann, Mathias Wendeler, Moritz Mahlke, Daniel Krause, Jens Gerber, Sebastian Molls, Christian Bitterlich, Julian Brands, Magdalena Schmude, Alexander Heiny, Tilman Wagner, Madlen Ottenschläger, Joachim Dege, Armin Himmelrath, Jens Toennesmann, Reini Bielinski, Roland Weisleder, Jürgen Wolf, Juliette Guttmann, Jule Werner, Christopher Link, Andreas Eisenhart, Tatiana Hänert, Andrea Walbert, Max Matrix, Marcus Bitterlich, Ralf Mimoun, Thorsten Sterk, Benedikt Gerber, Andreas Milk, Anuschka Schweizer, Frank Seibert, Kristin Müller, Martin Oversohl, Dietmar Gaiser, Siegfried Schober, Carolin Bauer, Annekatrin Tretow, Florian Gallwitz, Thomas Bertz, Gunter Kuhnle, Volker Weise, Skadi Hofmann, Anne Mascher

Fix bedankt bei allen Reisenden und Einheimischen. Man sagt ja manchmal, Kritik ist Liebe. Danke für beides.

Danke an Hanna fürs Vertrauen und für den flauschigen Rausch. Danke an Christian, der schon weiß, wofür. Danke an Sarah.

Dieses Buch würde es nicht geben ohne Heike, der besten Hebamme, die ein Buchbaby sich wünschen kann. Ohne Helga, die mir hilft, mir selbst die Erlaubnis für solchen Unfug zu geben. Ohne Julian, der im richtigen Moment behauptete, meine Beine wären eh viel zu kurz. Ohne Magdalena, meinen Bunker.

Ein anderes Buch wäre es geworden ohne Martin, der vom besten Lokalchef meines Lebens, zum Manuskriptmörder und schließlich zum gründlichen Gegenleser wurde (sorry, ich hab die Pipiflasche drin gelassen). Ohne Anne, weil sonst alle Männer einen dicken Bauch und Glatze hätten. Ohne Vivian, die in der wichtigsten Woche einen Schreibtisch und Schokobons für mich hatte.

Danke an die Edelmenschen, alle beteiligten Verlagsmitarbeiter und an den Lektor Marten Brandt, der schon früh ahnte, dass alles ganz zauberisch verwoben ist.

Danke an Sascha für die Symbiose und die letzten Kommata. Danke an Harry und Sabine, die mich gerettet haben. Wirklich. Dank an Frank, weil es am schönsten ist, wenn er nur einen Steinwurf weit weg ist. Und Danke an die ganze Familie, weil ihr mich aushaltet.

Bildnachweis

Frontcover: Vivian Balzerkiewitz; Backcover: Jessica Schober
Textteil: Vivian Balzerkiewitz: S. 10; Jessica Schober: S. 35, 43, 45, 69, 73, 109, 111, 136, 159, 177, 183, 188, 194, 199, 228
Bildteil: Don Alfonso: S. 2 unten; Vivan Balzerkiewitz: S. 1, 10, 11 oben, 13 unten; Björn Bayer: S. 14; Mauricio Bustamante: S. 5 Mitte + unten; Eckhard Franke: S. 4 oben, S. 6–7; Hannoversche Allgemeine Zeitung / Hagemann: S. 8 oben; Nordbayerischer Kurier: S. 3 oben; Peter Noßek: S. 5 oben; Jessica Schober: S. 2 oben + Mitte, S. 4 unten, S. 8 unten, S. 9 unten, S. 11 unten, S. 12, S. 13 oben, S. 15, S. 16; Siegfried Schober: S. 9 oben

Edel Books
Ein Verlag der Edel Germany GmbH

Projektkoordination: Dr. Marten Brandt
Umschlaggestaltung, Layout und Satz: Lars Hammer, Miriam Kunisch und Carolin Beck für Groothuis. Gesellschaft der Ideen und Passionen mbH, www.groothuis.de
Druck und Bindung: optimal media GmbH,
Glienholzweg 7, 17207 Röbel / Müritz

Printed in Germany

ISBN 978-3-8419-0377-8